युवा पुरोहित - सेल्फ़ हेल्प पुस्तक

हिन्दू अंत्येष्टि एवं श्राद्ध संस्कार, विधि और मोक्ष

पुरोहित श्याम सुन्दर वाली

BlueRose Publishers
NewDelhi • London

First Published in December 2021

ISBN: 978-93-5472-923-2

BLUEROSE PUBLISHERS
www.bluerosepublishers.com
info@bluerosepublishers.com
+91 8882 898 898

Cover Design:
Aveek

Typographic Design:
Namrata Saini

Distributed by: BlueRose, Amazon, Flipkart

ॐ गणेशाय: नम: ।

स्वीकृति

मैं अपनी पत्नी कामिनी बाली के इस गंभीर और अपरंपरागत पुस्तक को लिखने और संकलित करने के हर कदम पर उनके मजबूत समर्थन के लिए और इस पुस्तक की प्रूफ रीडिंग सामग्री में बिताए गए कई घंटों के लिए महत्वपूर्ण योगदान को स्वीकार करना चाहता हूं। उनके समर्थन और प्रेरणा के बिना यह पुस्तक संभव नहीं हो सकती थी। मैं अपने बच्चों को उनकी स्पष्ट राय व्यक्त करने, मदद करने की उत्सुकता दिखाने और अपनी गंभीर आलोचना व्यक्त करने के लिए भी धन्यवाद देना चाहता हूं।

मैं इस अवसर का उपयोग अपनी प्रतिष्ठित पिछली कई पीढ़ियों को धन्यवाद देने के लिए भी करना चाहता हूं, जिन्होंने सदियों से हिंदू धर्म के रूप में जानी जाने वाली इस सार्वभौमिक आस्था की अखंड मशाल को लगातार जलाये रखने का साहस किया। इस आस्था की पुरानी परंपराओं को आगे बढ़ाने के लिए उन्हें कई सर्वोच्च बलिदान देने पड़े होंगे। उनमें से कई लोगों ने अपने जीवन का बलिदान दिया होगा, और कई को लगातार दमनकारी शासनों के क्रूर हमले को सहन करना पड़ा होगा । उन पीढ़ियों के बलिदान ने आने वाली पीढ़ियों को कई शताब्दियों तक जीवित रहने और

अनुकूलन करने की हिम्मत दिखने के लिए प्रेरित किया है ।
उन सब को मेरा सलाम।

-शाम सुन्दर बाली, लेखक

ॐ गणेशाय: नम: ।

प्रस्तावना

अर्थी का पर्यायवाची शब्द है पराधीन, शवपेटिका, शव पेटी या ताबूत । इंग्लिश में इसे कॉफिन या स्ट्रेचर नाम दिया गया है । प्रश्न उठता है कि क्या हम शव को अपने कन्धों पर डाल कर शमशान घाट ले कर जा सकते हैं ? गरुड़ पुराण ने हिदायत दी है कि शव को पूर्ण सम्मान के साथ, पूर्ण गौरव के साथ, पूर्ण महत्व, बड़प्पन और इज्जत के साथ ही शव दहन के स्थान पर ले कर जाने का संतान और सम्बन्धियों का कर्तव्य है । मृतक पितरों की गौरवपूर्ण, बड़प्पन और सम्मान भरी शव यात्रा का एक-एक कदम आपको पितृ ऋण से मुक्त करने में एक मील का पत्थर साबित होता है । एक-एक सम्मान भरा शव यात्रा का कदम और इस यात्रा में दिया गया हर दान, आने वाली पीढ़ियों की समृद्धि और यश का कारण बनता है । जिस तरह पिता और बड़ों ने बच्चों को बहुत ही आदर से अपनी गोदी में और कन्धों पर सुन्दर कपड़ों में खिलाया था ठीक उसी तरह संतान का कर्तव्य है कि अपने माता पिता को पूर्ण गौरव से कन्धों पर अंतिम यात्रा में ले कर जाए । अंतिम यात्रा का गौरव और बड़प्पन पितरों के प्रति आने वाली पीढ़ियों के दिल और दिमाग में अमिट छाप छोड़ जाता है ।

भूमिका

हज़ारों सालों से हिंदुस्तान देश और हिन्दू धर्म एक संस्कारों भरा सभ्य समाज रहा है । अपने स्वर्णिम इतिहास में इस धर्म ने पुरे ब्रह्माण्ड को एक परिवार समझा है, और सभी तरह के पंथों को अपनाया है । हिन्दु धर्म ने हमेशा माना है कि आने

वाली पीढ़ियां जितनी सुसंस्कृत होंगी और सभ्य संस्कारों से भरपूर होंगी यह विश्व उतना ही एक परिवार की तरह पूर्ण रूप से शांति से भविष्य मे रह सकता है । आगामी पीढ़ियों के चरित्र निर्माण के लिए और उनको यह बताने के लिए कि कौन-कौन से गुण व्यक्ति में वांछित हैं, हमारे पितरों ने जीवन के हर पढ़ाव पर संस्कार प्रतिपादित किये होंगे । जन्म से पहले, विद्या आरम्भ से पहले, विवाह पर इत्यादि बहुत से संस्कारों को प्रतिपादित किया गया है और इन संस्कारों के अवसर पर ईश्वर स्तुति के बारे में लिखा गया है । इस तरह 16 संस्कारों को हमारे धार्मिक साहित्य में बताया गया है । यह हमारा दुर्भाग्य है कि आधुनिक समय की दौड़ में हम इनमे से बहुत से संस्कारों को बिलकुल भूल से गए हैं। लेकिन बहुत से परिवारों में यह संस्कार किसी न किसी नाम से अभी भी किये जाते हैं।

विवाह संस्कार और अत्येषि संस्कार, दो ऐसे संस्कार हैं जो अभी भी मौलिक रूप से चाहे बहुत सी त्रुटियों से भरे हों पर जिन्दा हैं । जन सामान्य में इन्हीं संस्कारों में से सबसे ज्यादा भ्रम और अज्ञान अंतिम या अंत्येषि संस्कार के बारे में है । लगभग सभी हिन्दू अंत्येषि संस्कार के बारे मे लगभग अनभिज्ञ हैं, लेकिन सुनी सुनाई भ्रमित बातों द्वारा इनके बारे मे त्रुटि पूर्वक कुछ न कुछ जानते हैं । अन्येषि संस्कार और पितरों के प्रति संस्कार श्राद्ध हमारे पूर्वजों के प्रति आदर का भाव पैदा करते हैं और उनके शुभ गुणों को जानने का एक सटीक मौका देते हैं । लेकिन अज्ञानता-वश और हमारे पुरोहित समाज की असफलता के कारण हम सभी इन संस्कारों को एक समान रूप में मनाने में असफल रहे हैं । अंत्येषि संस्कार, पितृ कर्म और श्राद्ध के बारे में तो अज्ञानता हिंदु धर्म के अनुयायियों में इतनी ज्यादा देखी गई है, कि किसी सम्बन्धी के मृत्यु होने पर हम अपने आप को खोया हुआ पाते हैं । उस दुखद अवसर पर हम अपनी संस्कार रूपी अज्ञानता के वश इतने मजबूर होते हैं कि सुनी सुनाई बातों के अनुरूप संस्कार करते हैं। शमशान घाट पर तो शमशान घाट का परिचारक जैसे बताता रहता है हम करते रहते हैं, लेकिन हम समझ नहीं पाते हैं कि व्यवस्था और संस्कार क्यों और क्या हो रही है । जब भी किसी मित्र गण के यहाँ कोई मृत्यु होती है तो यह पूछने के लिए अक्सर मुझे टेलीफोन आते हैं कि अंत्येषि संस्कार में क्या करने की जरूरत है ।

हिन्दू धर्म के मानने वाले पूरी दुनिया मे रहते हैं । और ज्यादातर हिन्दू जो विदेशों मे रहते हैं अपने संस्कारों पर

विशेष बल देते हैं। लेकिन दुर्भाग्यवश हमारे पुरोहित समाज ने संस्कारों में देश, समय, पात्र, परिस्थति के अनुसार कोई बदलाव नहीं किया है । बदलाव के उल्ट संस्कारों को इतना जटिल और लम्बा बना दिया गया है कि आम आदमी उस को समझने में अपने आप को बहुत मुश्किल में पाता है । विदेश में रहने वाले भारतीय जब दूसरे धर्मों के संस्कार देखते हैं तो उनमे भी जिज्ञासा होती है कि हम अपने संस्कारों का आसान रूप से और समान रूप से क्यों निर्वाह नहीं कर सकते।

संस्कारों के बारे में लगभग सभी पुराणों में कुछ न कुछ लिखा मिल जायेगा लेकिन गरुड़ पुराण, यम पुराण, भविष्य पुराण, नारद पुराण में इन संस्कारो के कर्म काण्ड के बारे में ज्यादा लिखा गया है । लेकिन यह पुराण एक तो संस्कृत में हैं और दूसरा उस समय के लिखे हुए हैं जब समाज में अंत्येष्टि संस्कार के लिए बहुत समय होता था । पुरातन और वतर्मान रुप में संस्कार बहुत जटिल और लम्बे हैं और उन सबको आधुनिक काल में निभाना असंभव सा है। आज का युवा संस्कृत को न जानने के कारण पुराणों को नहीं पढ़ सकता है । ज्यादातर पुरोहित चाहे कैसे भी हों लेकिन उनकी भी कमी है और पुरोहित यदि हैं भी तो या तो वह संस्कृत नहीं जानते या फिर विदेशी भाषा या अंग्रेजी नहीं जानते हैं । फिर ज्यादातर पुरोहित समाज इतना लालच से भर चुका है कि संस्कारों के सरलीकरण में उनकी कोई विशेष रूचि भी नहीं है ।

मेरा उद्देश्य है कि मैं उन विशेष संस्कारों के बारे में लिखूं और समय, देश, काल, पात्र और परिस्थिति के अनुसार और हिन्दू समाज के शास्त्र संगत सेल्फ ट्रू डु संस्कार पुस्तक लिखूं जो

कि आज के समय की मांग है । मेरा उद्देश्य इन संस्कारों का विशेष सरलीकरण है ताकि सभी हिन्दू चाहे कहीं भी हों इन संस्कारों को जान सकें या खुद ही कर सकें । ऐसी पुस्तक लिखने के लिए मुझे समय-समय से अमेरीका और यूरोप से प्रस्ताव भी आते रहे हैं ।

मेरी पहली पुस्तक अंत्येष्टि या अंतिम संस्कार पर और पितृ कर्म पर है क्योंकि यह संस्कार ही एक ऐसा संस्कार है जो हर हिन्दू बहुत दिल से अपने पूर्वजों के प्रति करना चाहता है, लेकिन जानता नहीं है। बहुत सारे व्यक्ति जो पुरोहित से संस्कार करवाते हैं वह असंतुष्ट सा अनुभव करते हैं, क्योंकि वह उन संस्कारों के सार को समझ नहीं पाते हैं ।

यह पुस्तक बहुत आसान तरीके से शास्त्र तर्क संगत है और घर मे ऐसी विषम परिस्थिति आने पर हम खुद यह संस्कार कैसे कर सकते हैं यह दर्शाती है । यदि यह संस्कार हम पुरोहित से भी कराएं तो भी हम को इसके बारे में जानना बहुत जरूरी है जिससे मन की शांति और गहरी होती है । आशा है कि मैं इस उद्देश्य मे सफलता पाऊंगा ।

ॐ शांति ।

एक परिचय

पुरोहित शाम सुन्दर बाली जी

शाम सुन्दर बाली जी का जन्म 9 सितम्बर 1956 में एक बहुत ही छोटे गांव नीलोखेड़ी में हुआ था । यह गांव ज्यादातर ऐसे लोगों द्वारा बसाया गया था जो कि भारत के विभाजन के बाद शरणार्थी बन कर इस्लामिक पाकिस्तान से हिंदुस्तान आये थे। छोटी सी उम्र में ही इनके ऊपर मंदिर और गुरूद्वारे का बहुत बड़ा प्रभाव रहा । जीवन के पहले परार्ध में एक छोटे से स्कूल में पढ़ कर और कुरूक्षेत्र यूनिवर्सिटी से स्नातक की डिगरी कर के और फिर पंजाब यूनिवर्सिटी से इन्होने मैनेजमेंट की पढाई की और अपने कैरियर में आगे बढ़ते हुए एक मल्टीनेशनल जापानी कंपनी में ऊच्चतम मैनेजिंग डायरेक्टर के पद को हासिल किया और देश की तरक्की में बहुत योगदान दिया ।

शाम सुन्दर बाली जी ने संस्कारों का बहुत गहन अध्ययन किया है और सराहनीय कार्य किया है और यह कार्य अभी भी जारी है । इन्होने श्री लाल बहादुर शास्त्री संस्कृत विद्यापीठ दिल्ली से ज्योतिष प्रज्ञा, ज्योतिष भूषण, डबल डिप्लोमा इन कर्मकांड संस्कार किया है । श्री शाम सुंदर जी सर्टिफाइड योग प्रशिक्षक भी हैं । इनके कार्य का उद्देश्य हिन्दू कर्मकांड और संस्कारों का काल, समय, देश, पात्र और परिस्थिति अनुसार आधुनिकीकरण करना है, जो कि शास्त्र मान्य भी हो और आसान भी हो ताकि सभी हिन्दू इस कार्य को खुद से कर सकें । वह अपने जीवन में लगभग सभी देशों की यात्रा कर चुके हैं और अपने विचार सभी राष्ट्रीय और अन्तर्राष्ट्रीय मंचों पर साँझा कर चुके हैं । वह आजकल कर्मकांड और संस्कारों के सरलीकरण और संस्कारों को खुद ही जानने और करने के प्रयासों के विस्तार पर लगे हुए हैं । इन्होनें अपने कार्यों और अपने प्रवचनों और विचारों को बहुत से मंचों से साँझा तो किया ही है, लेकिन यह पुस्तक इनकी पहली पुस्तक है जो कि अन्येष्टि संस्कार पर लिखी है । इनका मानना है कि हर व्यक्ति अपने आप में एक पुरोहित है और यदि वह खुद की जिम्मेदारी को पहचान ले तो समाज को प्रगति का रास्ता एक सच्चे पुरोहित की तरह दिखा सकता है । आशा है यह पुस्तक रूढ़िवादी अज्ञानता के आडम्बर को उठा कर सभी संस्कारों, विशेषकर जटिल अंतिम संस्कार और श्राद्ध को विषम परिस्थतियों में खुद करनेका ज्ञान और प्रेरणा सब को देगी।

विषय सूचि

अध्याय - 1

कृष्णा देवी स्टॉकहोम स्वीडन (नाम जानबूझकर प्राइवेसी के लिए छुपाया गया है)।

मेरा नाम कृष्णा देवी है । मैं पिछले बीस वर्षों से स्वीडन में रहती हूँ और यहाँ की एक बहुत प्रसिद्ध टेलीकॉम कंपनी में कार्यरत हूँ। मेरा यहाँ एक अच्छा भला परिवार है और मेरे काम को मेरी कंपनी काफी सराहती है । मेरा एक भाई और भी है जो कि इंग्लैंड में रहता है । कुछ महीनों पहले मेरे माता पिता मुझ को विजिट करने आये थे । मैंने उनका बहुत स्वागत सत्कार किया । कुछ हफ़्तों पहले, स्वीडन में ही एक मोटर कार में जाते हुए उन दोनों की दुर्भाग्यवश रोड एक्सीडेंट में मृत्यु हो गयी । मैं उनका संस्कार स्वीडन में ही करना चाहती थी लेकिन स्वीडन और स्टॉकहोम में कोई ऐसी सरकारी संस्था न होने के कारण मैंने उन दोनों मृतकों के शव दिल्ली भेजने का फैसला किया । हम दोनों के शव को हिंदुस्तान ले कर गए और उनका दाह संस्कार करने के लिए अपने सम्बन्धियों के साथ शमशान घाट ले कर गए । मैं यह देख कर हैरान थी कि दाह संस्कार करने की कोई भी नियमित प्रक्रिया नहीं थी । कोई भी प्रार्थना या शांति पाठ नहीं किया गया । मृतक की अंतिम शांति और मोक्ष के लिए कोई प्रार्थना भी नहीं

की गयी । शमशान घाट पर डोम, शमशान घाट का अटैंडेंट जो की मैले कुचैले कपडे पहने हुए था और उससे शराब की बदबू आ रही थी, जैसे कहता गया हम करते गए । मैं उसकी बातों में लालच साफ़ देख रही थी ।

हद तो तब हो गयी जब हम श्राद्ध करने और गंगा में अस्थियां विसर्जन के लिए हरिद्वार गए । वहां पंडित कहे जाने वाले लोगों की तो लालच की हद ही हो गयी थी । सभी पंडित आपस में छीना झपटी कर रहे थे, और हमारा पुरोहित बनने के लिए जोर लगा रहे थे । बहुत मुश्किल से हमने एक पुरोहित को शांति पाठ के लिए बोला, पंडित मुँह में ही जल्दी जल्दी कुछ संस्कृत मन्त्रों का पाठ करने लगे जो कि हमको बिल्कुल भी समझ नहीं आ रहा था। वह जैसे कहते गए हम करते गए और हमने बहुत सारे पैसे दे कर उनसे छुटकारा पाया । वह सोने और चांदी की भी मांग कर रहे थे।

आज भी मुझे बहुत पछतावा होता है और मैं सोते सोते उठ जाती हूँ कि क्या मेरे माता पिता की आत्मा को शांति मिली भी होगी कि नहीं । क्या मैं उस वक़्त खुद प्रार्थना कर सकती थी कि नहीं । आज भी मैं संस्कृत न जानने के लिए खुद को बहुत कोसती हूँ ।

मुझे कई बार अपने माता पिता के बारे में बहुत बुरे-बुरे सपने आते हैं । आज भी मैं सोचती हूँ कि यदि मेने खुद ही सारे संस्कार जान लिए होते और खुद ही करती तो शायद मेरे माता पिता को शांति ज्यादा मिलती और मैं खुद को भी ज्यादा शांत स्वरुप में रख पाती।

क्या हम खुद संस्कार नहीं कर सकते, इसमें क्या कठिनाई है ? क्या कोई भी सही रास्ता दिखाने वाला नहीं है ? यह प्रश्न मुझे हमेशा चुभता रहता है ।

-कृष्णा देवी, स्टॉकहोल्म, स्वीडन

अध्याय - 2

मोहन कुमार की कहानी (असली नाम को छुपाया गया है)।

नमस्कार । मेरा नाम मोहन कुमार है और मेरी सारी शिक्षा दिल्ली में हुई है । मैंने मास्टर ऑफ़ कंप्यूटर साइंस अमेरिका की एक बहुत बड़ी यूनिवर्सिटी से किया है । आज मैं एक अमेरिका की बहुत बड़ी सॉफ्टवेयर कंपनी में काम करता हूँ और सन फ्रांसिस्को में रहता हूँ । मैं जब २७ साल का था तो भारत से अमेरिका आ गया था । मैं अपने माता पिता का अकेला ही बेटा था । मेरी शादी एक हिंदुस्तानी मूल की अमेरिका में पढ़ी लिखी कन्या से हो गई । जब मुझे अमेरिका की नागरिकता मिली तो मैंने बहुत प्रयत्न किया कि मेरे माता पिता भी अमेरिका में मेरे परिवार के साथ आ कर रहें लेकिन मेरे माता पिता को हिंदुस्तान से बहुत लगाव था । वह कुछ एक हफ़्तों के लिए तो मेरे पास आते थे लेकिन अपना निवास उन्होंने दिल्ली में ही रखा । कुछ साल पहले मेरी माता का देहांत हो गया था तब मैं अमेरिका में ही था । जब मुझे उनके देहांत का समाचार मिला तो मैं अपने पूरे परिवार के साथ दिल्ली रवाना हो गया । लेकिन मुझे सन फ्रांसिस्को से दिल्ली पहुंचने में दो दिन का समय लग गया इसलिए मेरे अन्य

सम्बन्धियों ने उनका अंतिम संस्कार मेरे दिल्ली पहुंचने से पहले ही कर दिया था । समय पर न पहुँचने के कारण और अंतिम दर्शन न करने के कारण मैं बहुत रोया और मेरे दिल में आज तक इस बात का दुःख है । मेरे सम्बन्धियों ने जो भी दान आदि करने को कहा मैंने सब किया लेकिन क्या और क्यों हो रहा है इस का मुझे कुछ भी ज्ञान न था । दो हफ्ते दिल्ली रह कर और सम्बन्धियों के साथ शोक मना कर मैं वापिस अमेरिका आ गया । अमेरिका वापिस आकर मैंने किसी तरह अपने पिता को सहमत कर लिया कि वह दिल्ली से अमेरिका मेरे पास आ जाएँ । करीब पांच साल पहले वह मेरे पास आ कर रहने लगे । पिता की सेवा कर के और उनके साथ रह कर हमारा जीवन भी बहुत खुशहाल था ।

लेकिन एक दिन मई २०१५ में सुबह सुबह मेरे पिता का हार्ट अटैक से अचानक देहांत हो गया । मेरी तो जैसे सारी दुनिया ही लुट गयी हो । मेरे को कोई भी ज्ञान नहीं था कि मृतक पिता का अंतिम संस्कार कैसे करते हैं । मैने अपने मित्रों से पूछा पर वह भी पूरी तरह से इस संस्कार और रीतियों से अनभिज्ञ थे । मैंने सनफ्रांसिस्को के मंदिर के पुरोहित से पूछा तो वह बहुत लम्बे चौड़े रीति रिवाज बताने लग गए जो कि मेरी समझ से बाहर थे । उन पुरोहितों का खर्चा भी बहुत ज्यादा था । मैं बहुत असमंजस में था । उसके ऊपर यह दुविघा कि मृतक के शव को कैसे और कहाँ जलाएं क्योंकि हिन्दू रीति रिवाज से अंतिम संस्कार करने का कोई स्थान या शमशान घाट भी अमेरीका में आस पास नहीं था । मैं सभी कार्य खुद क्यों नहीं कर सकता ऐसा सोच कर मुझे अपनी संस्कार शिक्षा पर बहुत

ग्लानि हो रही थी । मैंने लाइब्रेरी और इंटरनेट पर बहुत खोज की लेकिन जटिल बातें पढ़ कर मैं बिलकुल ही कंफ्यूज हो चुका था। किसी तरह मैंने पुरोहित को बड़ी दक्षिणा दे कर अपने पूज्य पिता का संस्कार किया लेकिन मैंने पाया कि सभी कुछ इतने जटिल तरीके से हो रहा था कि मेरी समझ से बाहर था । मृत्यु के बाद सभी संस्कार और श्राद्ध विधि के बारे में मैं बिल्कुल अनभिज्ञ था । आज भी मैं सोचता हूँ कि कहीं मेरी अज्ञानता से मेरे पिता की आत्मा को पूर्ण शांति मिली भी है कि नहीं । क्या हमारे पुरोहित एक सामान्य और सरल तरीके से कोई पुस्तक नहीं लिख सकते जिससे हम सभी संस्कारों को समझ सकें और खुद कर सकें ?

- मोहन कुमार, सन-फ्रांसिस्को, अमेरिका

अध्याय - 3

रमा कुमारी - बैंगलुरु (प्राइवेसी के लिए असली नाम गुप्त रखा गया है) ।

मेरा नाम रमा कुमारी है और मैं एक बहुत धनाढ्य परिवार से हूँ और मैं अपने माता पिता की अकेली लड़की थी । मेरा जीवन बहुत ही आराम से गुजरा और मैं पैशे से एक शल्य चिकित्सक हूँ। मैंने अपनी डॉक्टरी की पढ़ाई मैंगलोर से ही करी थी । अपनी डॉक्टरी की पढ़ाई कर के मैं बैंगलुरु में ही एक प्राइवेट हस्पताल में डॉक्टर का कार्य करने लग गई । मेरे माता पिता जो खुद भी डॉक्टर थे बूढ़े होने पर मेरे साथ ही रहने लग गए ।

बात है नवंबर २०२० की जब पूरे देश में कोविड- 19 का कहर छाया हुआ था और सभी घरों मे बंद थे । एक दिन मेरे माता पिता को बुखार चढ़ा और जब मैने उनका टेस्ट कराया तो पता चला कि मेरे माता पिता दोनों कोविड-19 पॉजिटिव हैं । उन दोनों का उपचार हस्पताल में चला लेकिन मेरे पिता जो की शुगर और हाइपरटेंशन के मरीज थे इस बीमारी से उबर न पाए और उनका कोविड-19 से हस्पताल मे ही देहांत हो गया । मेरी माता ठीक हो कर घर पर आ गयी थीं ।

मेरे पिता के देहांत के बाद हम को हिदायत दी गयी कि मेरे पिता का अंतिम संस्कार म्युनिसिपल वाले ही करेंगे । मेरा रो-रो कर बुरा हाल था । लेकिन मैंने जिद ठान रखी थी कि उनका अंतिम संस्कार मैं ही करूँगी । अपने पिता को मैं एम्बुलेंस मे लेकर जब शमशान घाट गयी तो मैं अकेली ही थी और मुझे हिन्दू अंतिम संस्कार के बारे में कोई जानकारी भी नहीं थी । शमशान घाट पर शमशान घाट के अटैंडेंट ने मेरे पिता के शव को उठा कर ही चिता पर रखा और दाह संस्कार किया । मुझे नहीं पता था कि मैं कन्या हो कर दाह संस्कार कर भी सकती हूँ कि नहीं । अपने सामने ही अपने पिता का दाह संस्कार, बिना किसी शांति मन्त्रों के, अमन्त्रक, किसी दुसरे के हाथों होते देख कर मुझे बहुत ही दुःख हो रहा था ।

यह दुःख आज तक मुझे बहुत कचोटता है और मेरे पिता मुझे बार बार सपने में आते हैं और मुझे नहीं पता कि उनको मोक्ष मिला भी या नहीं । काश मुझे अंतिम संस्कार के बारे में पता होता या कोई एक पुस्तक होती जो मुझ को अंतिम संस्कार के बारे मे आसानी से बता सकती और मृत्यु के बाद के कृत्य कैसे खुद ही कर सकते हैं मुझे बता सकती ।

रमा देवी- बैंगलुरु, ईंडिया

अध्याय - 4

एक हादसा लंदन के रहने वाले एक पुरुष का जिसके बच्चे की मृत्यु हो गयी ।

जीवन सिंह – लंदन ।

मेरा नाम जीवन सिंह है और मैं लंदन मे लगभग 30 सालों से रहता हूँ और एक निजी एयरलाइन्स कंपनी में काम करता हूँ । बात लगभग 10 साल पहले की है । मेरा पहला बच्चा जब करीबन चार साल का था तो हमको उसके हृदय में एक बड़ा छेद होने के बारे में पता चला । उस की वजह से मेरे बच्चे का शरीर दिनों दिन नीला होता जा रहा था और हाथ पांव फूलते जा रहे थे । हमने उस की सर्जरी का फैसला किया लेकिन सर्जरी सफल न हो सकी । मेरे बच्चे की मृत्यु 2 साल 1 महीने की उम्र में ऑपरेशन थिएटर में ही हो गयी ।

हिन्दू होने के नाते मैं उसका तरतीबवार अंतिम संस्कार करना चाहता था । अंतिम संस्कार के लिए मैं जब मंदिर के पुरोहित के पास गया तो उसने अंतिम संस्कार के बारे में जानकारी होने से साफ मना कर दिया । मेरे रिश्तेदार और मित्र अलग अलग बातें कह रहे थे । कोई कह रहा था कि बच्चे का अग्नि मे दाह संस्कार नहीं करना चाहिए और कोई कह रहा था अग्नि

दाह संस्कार करना चाहिए । किसी को भी पूर्ण जानकारी नहीं थी ।

किसी तरह ले देकर मैंने अपने बच्चे का अंतिम दाह संस्कार किया । लेकिन लालच के लिए बहुत से पुरोहित अलग अलग बातें और श्राद्ध कर्म बता रहे थे । मैंने बहुत सारे पैसे खर्च कर के उस के बहुत सारे श्राद्ध और शांति कर्म किये लेकिन मुझे कुछ भी पता नहीं कि हमने क्या और क्यों किया और हमारे हिन्दू समाज में क्या लोकाचार है । मुझे आज भी इस बात का दुःख है कि हम खुद ही सारे संस्कारों को क्यों नहीं जानते और क्यों खुद से नहीं कर सकते । यदि किसी पुरोहित को भी बुलाएँ तो भी हमको अंतिम संस्कार के बारे में पूरी जानकारी होनी चाहिए ताकि पुरोहित लालच से हम सब को मूर्ख न बना सकें ।

जीवन सिंह-लंदन, ईंगलैंड

अध्याय-5

पितृ कर्म का सरलीकरण क्यों ?

बहुत कम विद्वानों ने पितृकर्म को आधुनिक युग में तर्क संगत बनाने और सरलीकरण का कार्य किया है । शायद यह पुरोहितों का आधुनिक भाषा इंग्लिश का न जानना और संस्कृत भाषा का जटिल और लगभग लुप्त होना भी हो सकता है । एक पुरोहित होने के नाते मैंने यह निर्णय लिया है कि मरणासन्न अवस्था से ले कर

मरणोपरांत अंत्येष्टि तथा श्राद्ध से सम्बन्धित पितृकर्म की एक लघु पुस्तक सरल हिंदी और इंग्लिश में प्रस्तुत की जाए । हिंदी और इंग्लिश में इसलिए ताकि जो भारतीय दूसरे देशों में रहते हैं वह इस प्रक्रिया को आसानी से समझ कर खुद ही कर सकें । यह इसलिए भी जरूरी है क्योंकि भारत या विदेश में योग्य पुरोहित न मिलने के कारण इस आसान क्रिया को खुद करने की योग्यता हम सब में होनी चाहिए ।

यह पुस्तक क्यों ?

इस पुस्तक द्वारा शास्त्रानुसार और देश काल और परिस्थिति के अनुसार अंतिम कृत्य, श्राद्ध की महिमा एवं श्राद्ध की प्रक्रिया, को स्वयं करने का रास्ता बताया गया है । यह एक

सेल्फ टु डू पुस्तक है । इस पुस्तक द्वारा मेरा यह प्रयास है कि जो लोग इस विद्या से परिचित नहीं हैं और अज्ञानता या समय की कमी के कारण संस्कारों से अनभिज्ञ हैं और इन संस्कार कार्यों से वंचित रह जाते हैं वह लोग भी आसानी से यह संस्कार खुद ही कर सकें । इस पुस्तक में मेरा यह प्रयास रहा है कि मरणासन्न अवस्था से लेकर मरणोपरांत अंत्येष्टि तथा श्राद्ध सम्बधित पितृकर्म को आधुनिक युग के रहन सहन के सन्दर्भ में प्राचीन ग्रंथों से समझा जाये । यह पुस्तक हिंदी एवं इंग्लिश दोनों भाषाओं में लिखी गई है ताकि सभी NRI भाई भी इसको आसानी से समझ कर खुद ही प्रयोग में ला सकें । जहाँ जहाँ जरूरत समझी गयी है सचित्रीकरण भी किया गया है ।

अध्याय-6

सनातन धर्म में संस्कार क्यों ?

संस्कारों का सम्पादन मोक्ष की प्राप्ति कराता है । हिन्दू समाज में सभी की यह ईच्छा होती है कि आने वाली पीढ़ी शुभ संस्कारों से ओत प्रोत हो । ईश्वर से प्रार्थना करना और भावी पीढ़ियों को ईश्वर स्तुति से अवगत कराना ताकि वह शुभ आठ गुणों और लक्षणों से युक्त हों और बड़े हो कर देश, राष्ट्र और समाज में कल्याणकारी कार्य करते हुए ब्रहम पद को प्राप्त कर लेने की क्षमता को पा लेवें, यही संस्कारों का मुख्य लक्ष्य है ।

संस्कार प्रदान करने के लिए समय समय पर परमात्मा से विनय की जाती है कि संतान अष्ट गुणों से युक्त हो । आचार्य गौतम ने कहा है कि दया, क्षमा, अनसूया, शौर्य, शम, उचित व्यवहार, निरीहता, एवं निर्लोभता यह आठ गुणों को व्यक्ति के जीवन में लाने के लिए ही संस्कार किये जाते हैं । ईन आठ गुणों से युक्त व्यक्ति ही पूरे विश्व का सही नागरिक सिद्ध हो सकता है ।

अपने जीवन में संस्कार की महत्वता जानने के लिए हमें सनातन धर्म की मान्यताओं का ज्ञान होना आवश्यक है ।

गर्भाधान से लेकर अंत्येष्टि संस्कार तक सनातन धर्म में संस्कार प्राचीन समय से प्रतिपादित किये गये हैं । केवल एक अंत्येष्टि संस्कार सभी संस्कारों में ऐसा संस्कार है जो कि प्राण त्यागने के बाद हमारे प्रिय जन करते हैं ।

अध्याय-7

संस्कार क्यों ? एक और दृष्टिकोण ।

मनुष्य के जीवन में आनंद लेने के लिए उसकी आत्मा, मन और शरीर का उत्तम होना बहुत ही आवश्यक है । उत्तम शरीर और मन को पाने के लिए खुद का और सगे सम्बन्धियों और माता पिता का आशीर्वाद पाना भी अति आवश्यक है ताकि शरीर और मन उत्तम और आनंदित रहे । सनातन धर्म या हिन्दू धर्म में उत्तम शरीर के साथ साथ उत्तम मन और राष्ट्र और विश्व के प्रति उत्तम विचार रखना बहुत कीर्तिवर्धक समझा जाता है । उत्तम शरीर और मन की प्राप्ति के लिए सबसे पहला कदम है संकल्प, फिर आता है प्रार्थना और फिर प्रार्थना के स्वरुप कार्य का निष्पादन । हम जैसे संकल्प लेते हैं और ईश्वर को प्रार्थना करते हैं जीवन की उपलब्धियाँ भी उसी तरफ ही चल पड़ती हैं । इसी लिए हिन्दू धर्म में गर्भाधान से लेकर मृत्यु के बाद देह का विधि पूर्वक दाह संस्कार करने तक 16 संस्कार बताये गए हैं । शरीर का आरम्भ गर्भाधान से होता है और अंत मृत्यु पर होता है और शरीर के भस्म होने पर उस शरीर की समाप्ति हो जाती है । इन 16 संस्कारों में से कुछ संस्कार अभी भी प्रचलित हैं । पाठकों के ज्ञान के

लिए मैं सोलह संस्कारों का नाम दे रहा हूँ । इन संस्कारों के नाम हैं :

1. गर्भाधान संस्कार ।

2. पुंसवन संस्कार ।

3. सीमन्तोन्नयन संस्कार ।

4. जातकर्म संस्कार ।

5. नामकरण संस्कार ।

6. निष्क्रमण संस्कार ।

7. अन्नप्राशन संस्कार ।

8. चूड़ाकर्म संस्कार ।

9. कर्णवेध संस्कार ।

10. उपनयन संस्कार ।

11. वेदारम्भ संस्कार ।

12. समावर्तन संस्कार ।

13. विवाह संस्कार ।

14. वानप्रस्थ संस्कार ।

15. सन्यास संस्कार ।

16. अंत्येष्टि कर्म संस्कार ।

इस पुस्तक में हम अंत्येष्टि संस्कार पर ही चर्चा करेंगे ।

अध्याय-8

मोक्ष क्या है ? मृत्यु के बाद अंतिम संस्कार क्यों ?

मोक्ष, मृत्यु और अंतिम संस्कार के बारे में जानने के लिए हिन्दू संस्कारों और हिन्दू दर्शन शास्त्र के बारे में जानना बहुत ही आवशयक है । आने वाले पृष्ठों में हम उन संस्कारों और हिन्दू धर्म की विशाल सोच के बारे में संक्षिप्त चर्चा पाठकों की जानकारी के लिए करेंगे ।

मोक्ष क्या है ?

हिन्दू धर्म के पुरातन शास्त्रों में और हिन्दू आध्यात्मिक सोच में पुनर जन्म और अवतारवाद का एक बहुत बड़ा स्थान है । इस धर्म और चिंतन के अनुसार जीव को तब तक बार बार विशेष योनियों में जन्म लेना पड़ता है जब तक उस जीवात्मा को मोक्ष की प्राप्ति न हो जाये । पुनर जन्म लेने पर आपको अपने किये हुए पिछले जन्म के कर्मों का फल भोगना पड़ता है । यही सिद्धांत हिन्दू धर्म के कर्मयोग और कर्तव्य करने की प्रेरणा देने का स्तोत्र है । हिन्दू शास्त्रों के अनुसार जन्म, मरण या सुखों और दुखों से ऊपर उठ जाना और जन्म मरण और पुनर-जन्म के बंधनों से छूट जाना ही मोक्ष है ।

अंत्येष्टि संस्कार या अंतिम संस्कार की आवश्यकता ?

इस विषय पर हम विस्तार से आगे चर्चा करेंगे । संक्षिप्त में, हिन्दू अध्यात्म के अनुसार जीव की संरचना पांच तत्वों से होती है और चेतना का स्वरूप आत्मा इस का छठा तत्व है जो कि परमात्मा का अंश है । जब आत्मा शरीर को छोड़ कर चली जाती है उसी को मृत्यु कहा गया है । आत्मा जब शरीर को छोड़ कर चली जाती है तो शरीर के बाकि के पांच तत्वों को भी ब्रह्माण्ड में लीन करने के लिए और उस देह की सद्गति के लिए जो कि आत्मा का घर रही है अंतिम संस्कार किया जाता है । अंतिम संस्कार का दूसरा उद्देश्य प्रार्थना है कि जिस देह का हम अंत्येष्टि संस्कार कर रहे हैं उस देह की आत्मा को शांति और मोक्ष मिले और देह पंचतत्व में विलीन हो जाए ।

अध्याय-9

हिन्दू धर्म और मृत्यु ।

जैसे हम ने पहले बताया सनातन धर्म के पुरातन शास्त्रों में और हिन्दू आध्यात्मिक सोच में पुनर्जन्म और अवतारवाद का एक बहुत बड़ा स्थान है । पुनर-जन्म लेने पर आपको अपने किये हुए इस जन्म के कर्मों का फल भोगना पड़ता है । यही सिद्धांत हिन्दू धर्म के कर्मवाद और कर्तव्य बोध करने की प्रेरणा देने का स्तोत्र है ।

हिन्दू धर्म के अनुसार जीवन के उद्देश्य ।

हिन्दू धर्म में जीवन के चार उद्देश्य बताए गए हैं ।

1. धर्म (कर्तव्य निर्वाहन) ।

2. अर्थ ।

3. काम ।

4. मोक्ष ।

हिन्दू धर्म में स्वर्ग और नरक की कल्पना भी की गयी है जो कि मोक्ष की कल्पना से पहले की स्थिति है ।

स्वर्ग और नरक ।

स्वर्ग की कल्पना में मनुष्य अपने द्वारा अच्छे किये गए कर्मों का फल स्वर्ग में भोग कर पृथ्वी पर पुनर जन्म लेता है । नरक की कल्पना में जीव अपने किये हुए बुरे कर्मों का फल भोग कर फिर से जन्म लेता है । यह स्वर्ग और नरक की कल्पना हिन्दू शास्त्रों और दर्शन शास्त्र में मनुष्य को मानव कल्याण के रास्ते पर चलने की प्रेरणा देता रहता है । मोक्ष मिल जाने पर जीवात्मा सदा के लिए परमात्मा में लीन हो जाती है और सब प्रकार के दुखों के बंधनों से मुक्त हो जाती है ।

अध्याय-10

अंत्येष्टि संस्कार ।

अंत्येष्टि कर्म या अंत्येष्टि संस्कार हिन्दू धर्म में हमारे मानव शरीर के अंत का संस्कार है, इसीलिए इसे अंतिम संस्कार या अत्येष्टि संस्कार कहते हैं । इस संस्कार के अंत में कोई भी अन्य संस्कार नहीं रह जाता है । इसी संस्कार को नरयाग, पुरुषयाग या दाह कर्म संस्कार भी कहते हैं । कई शास्त्रों में इसे संस्कार न कह कर अंतिम कर्म भी कहा गया है, लेकिन हम इसको अंतिम संस्कार ही कहेंगे क्योंकि मृत्यु पर आत्मा (देहि) तो मानव शरीर (देह) को छोड़ कर जा चुकी होती है ।

वेदों में इन कर्मों का विधान नहीं है लेकिन पौराणिक काल से हमारे पूर्वजों ने जिस तरह से इस संस्कार का जिस पुरातन रूप में निर्वाह किया है वह ज्यों का त्यों त्रुटियों के साथ उसी रूप में आज भी निर्वाह होता जा रहा है । लेकिन काल, समय और पात्र के अनुसार जिस तरह समाज में परिवर्तन हुआ है और ज्ञान की वृद्धि हुई है उस हिसाब से अंतिम संस्कार में कुछ भी बदलाव नहीं हुआ है, बल्कि समय के साथ इस संस्कार में लोकाचारों के समय-समय पर जुड़ने से काफी त्रुटियां घर कर गई हैं । इस संस्कार में त्रुटियां इतनी घर कर

गयी हैं कि आज भी हम अपने प्रियजनों को आदि काल की तरह बांस की सीढ़ी पर सूखी घास पर रस्सी से बांध कर, शमशान घाट तक अंतिम यात्रा में ले कर जाते हैं । आज के प्रशिक्षित आधुनिक काल में और सभ्य समाज में जहाँ हिन्दू धर्म के लोग पूरी दुनिया में मौजूद हैं, अंतिम यात्रा को समय के हिसाब से पौराणिक विधि को ध्यान रखते हुए काल, देश स्थान और पात्र के अनुसार ढालने और बदलने की आवश्यकता है ।

आज के काल में यह स्थिति है, कि अंत्येष्टि संस्कार इतना जटिल और धुंधला पड़ चूका है कि घर या विदेश में किसी घर के सदस्य की जीवन यात्रा पूर्ण होने पर प्रायः यह देखा गया है कि शमशान घाट पर शव जलाने वाला अनपढ़ व्यक्ति ही बताता है कि संस्कार कैसे करना है । क्या-क्या कर्म करने हैं इस पर घर में बहस छिड़ी रहती है ।

आज के आधुनिक काल को देखते हुए हम यह प्रयास करेंगे कि हम पौराणिक काल से चली आ रही अंतिम संस्कार की पद्धति को कैसे शास्त्र संगत, सुगम, लेकिन आधुनिक कर सकते हैं । हम अंत्येष्टि संस्कार के क्रिया कलापों की पौराणिक काल से चली आ रही विधियों को समझेंगे और आज के आधुनिक काल में कार्य संगत बनाएंगे । इस कार्य में आप सब का शुभ आशीर्वाद वांछित है ।

ॐ गणेशाय: नमः ।

अध्याय-11

सनातन धर्म क्या है ।

हिन्दू धर्म पूरे ब्रह्माण्ड को एक परिवार के रूप में मानता है । क्योंकि हिन्दू धर्म को मानने वालों की यह आस्था है कि हिन्दू धर्म ब्रह्माण्ड के प्रकटीकरण से ही आरम्भ हुआ था और पूरे ब्रह्माण्ड के कल्याण के लिए ही बना है इस लिए वह इस धर्म को सनातन मानते हैं और हिन्दू धर्म सनातन धर्म के नाम से भी जाना जाता है।

सनातन धर्म क्या है और हिन्दू कौन है ? यह प्रश्न जितना आसान है उतना जटिल भी है । बहुत से लोग हिंदुत्व की पहचान कई देवी देवताओं की मूर्ती पूजा, पवित्र गाय, भगवाधारी सन्यासियों, यहाँ तक की इसको गरीबी वर्ण और जातिप्रथा की कुरीतियों से और रूढ़िवादी सोच से जोड़ कर देखते हैं । कई लोग जो इस धर्म के दर्शन शास्त्र से अनभिज्ञ हैं वह तो हिन्दू धर्म को एक संकुचित और रुकी हुई सोच मानते हैं । हिन्दू दर्शन शास्त्र की भाषा अलग और जटिल है और हिन्दुस्तान काफी समय तक गुलाम रहा इसी कारण, जो देश अठारवीं या उन्नीसवीं सदी में इस देश पर राज करते थे वह हिन्दू संस्कृति के बारे में अज्ञानता और भ्रम फैलाते रहे ।

कुछ अन्य इसको आध्यात्मिक सोच, जैसे की योग, पूजन विधि, भक्ति योग, और ध्यान योग से जोड़ते हैं । इतिहास में देखें तो लगभग आठवीं सदी में सबसे पहले फ़ारसी लोगों ने हिन्दू शब्द का प्रयोग विशेषतः सिंधु नदी के इस पार रहने वाले लोगों के लिए किया था । लेकिन हिन्दुत्व या हिन्दुइस्म (hiduism) शब्द का इस्तेमाल अंग्रेजों ने उन्नीसवीं शताब्दी में ज्यादा किया ।

हिन्दू धर्म एक वैदिक धर्म भी है जो इस धर्म को वेदों से जुड़ा होना दर्शाता है । हिन्दू धर्म की सोच बहुत बड़ी और पूरी मानव जाति के कल्याण के लिए कार्यरत होने के कारण हिन्दू अपनी इस परम्परा को युगों से सनातन ही मानते हैं । हिंदुत्व अपने कर्तव्य परायणता (धर्म) और ब्रह्मा (परम् तत्व, परमात्मा) पर पूर्ण विश्वास रखने की सोच है और अपने धर्म में इनको मुख्य स्थान देता है । हिन्दू धर्म पुरे विश्व के कल्याण का रास्ता दिखाता है और सबको परमात्मा को पाने का अपना-अपना रास्ता खुद चुनने की आजादी भी देता है ।

अध्याय-12

हिन्दू धर्म पर दुसरे धर्मों का साया ।

सातवीं शताब्दी से लेकर उन्नीसवीं शताब्दी तक दूसरे धर्मों के लोगों का इस देश पर दमनकारी राज्य होने के कारण हिन्दू धर्म का काफी ह्रास हुआ है । दूसरे धर्मों की गुलामी और दमनकारी विस्तार के कारण सातवीं सदी से लेकर बीसवीं सदी तक हिन्दू धर्म कई समस्याओं से उलझता रहा है । इस दमनकारी गुलामी के प्रभाव के कारण एक ऐसा समय भी आया कि हिन्दू धर्म के मायने क्या हैं इस को जानने के लिए लोगों को सर्वोच्च न्यायालय का दरवाजा भी खटखटाना पड़ा। यह हमारे पुरोहितों और धर्म गुरुओं के पतन का एक नतीजा था । दमनकारी गुलामी में अपनी जान बचाने के लिए और उस वक़्त की सत्ता को खुश रखने के लिए, अपना स्वार्थ साधते रहना हमारे पुरोहितों पर बहुत भारी पड़ गया ।

पुरोहित ।

पुरोहित का मतलब होता है नगर या पुर का हितैषी । देश, काल और पात्र को देखते हुए धर्म की सही भाषा परिभाषित करना पुरोहित का दायित्व होता है । दूसरे विस्तारवादी ओर दमनकारी धर्मों के दमन के कारण और अपने अस्तित्व को

बचाये रखने के लिए ज्यादातर पुरोहित हिन्दू धर्म के संस्कारों को जटिल, गुप्त और एकांतप्रिय बनाते गए । इससे उनकी प्रासंगिकता जटिल होती गयी पर समाप्त नहीं हुई । हिन्दू पुरोहित समाज जिसका दायित्व था इस धर्म का अस्तित्व बनाये रखना वह अपनी उदारवादी सोच के कारण और उस समय की दमनकारी गुलामी के कारण अपने अस्तित्व की लड़ाई लड़ते-लड़ते इस धर्म के मानने वालों के सच्चे पुरोहित न रहकर एक लूट और लालच का प्रतीक भर रह गए ।

अध्याय-13

पुनर जन्म में विश्वास ।

पुनर जन्म में विश्वास हिन्दू धर्म को दुसरे भौतिक वाद धर्मों से या केवल एक ही जन्म को मानने वाले धर्मों से अलग करता है । पुनर जन्म का तर्क हिन्दू धर्म को मानने वालों को इसी जन्म में अच्छे कर्म करने की और प्रकृति से सामंजस्य से रहने के प्रेरणा देता है।

हिन्दू धर्म कब शुरू हुआ ?

हिन्दू धर्म या सनातन धर्म पर शोध करने वाले यदि पूछें कि यह धर्म कब शुरू हुआ और इसका संस्थापक कौन था तो इसका उत्तर तो कोई भी नहीं दे पायेगा । हिन्दू धर्म के आचार्यों और ऋषियों का मानना है कि यह धर्म ब्रह्माण्ड के सृजन के साथ तभी शुरू हुआ था, जब ब्रह्मा के मुख से वेदों का प्रकाट्य हुआ था । हिन्दू धर्म प्रकृति के साथ सामंजस्य रख कर रहने की सोच है जो कि हजारों सालों से एक वैश्विक अभियान के रूप में बन कर ऊभरी है ।

हिन्दू धर्म क्या लचीला है ?

हिन्दू धर्म का लचीलापन और अलग अलग विचारों को चाहे कितने भी विरोधाभास लिए हों को भी स्वीकार करने की परम्परा ने ही इसे लगभग हजारों साल तक जिन्दा रखा । हिन्दू धर्म को मानने वालों के लिए समय अनंत है और आवर्ती है (cyclical) । हिन्दू धर्म को मानने वाले आज दुनिया के हर देश और हर कोने में मिल जायेंगे । हिन्दू धर्म का अलग अलग विचारों को स्वीकार करने की परम्परा अभी भी अद्भुत है । हिन्दू धर्म को हम दो तरीकों से देख सकते हैं । एक तो इस तरह जैसे एक वृक्ष से अलग अलग शाखाएं निकली हों जो की भिन्न भिन्न परम्पराओं और देवी देवताओं और भिन्न भिन्न पंथों की जन्मदाती हैं ।

दुसरा इस तरीके से भी देख सकते हैं कि जैसे अलग-अलग नदियां बहकर एक ही सागर में मिलती हैं वैसे ही अलग अलग आस्थायें और पंथ हिन्दू धर्म में जाकर मिलते हैं और स्वीकार्य भी हैं । हिन्दू धर्म इतना पुरातन और अलग-अलग विचारों को स्वीकार करने वाला, विशाल और विस्तृत है कि कुछ ही शब्दों में इसको बताना बहुत ही कठिन है । हिन्दू धर्म का मन्त्र और तत्व है इसकी सोच जो कि विभिन्न तरह के ज्ञान को, हिन्दू धर्म में समावेश करने की प्रेरणा देता है । यही लक्ष्य हिन्दू धर्म को और समृद्ध और परिपूर्ण बनाता है ।

अध्याय-14

हिन्दू पुरोहित समाज की असफलता और इसका दायित्व।

हिन्दू धर्म के पुरोहितों पर हिन्दू समाज को नैतिकता के क्षेत्र में नेतृत्व देने का दायित्व था लेकिन यह पुरोहित समाज अपने संकुचित स्वार्थों में फंसा रहा और अपने अस्तित्व की लड़ाई लड़ते-लड़ते हिन्दू समाज की आहुति अपने निज स्वार्थों पर देता रहा जो आज भी बहुत बड़े स्तर पर बेरोकटोक जारी है। कोई भी मुख्य हिन्दू संस्था जो पुरोहितों को संगठित और शिक्षित कर सके इसका अभाव भी एक कारण हो सकता है।

आज वक्त आ गया है कि हम इस पुरोहित समाज को पुनः नई आधुनिक सोच देवें । पुरोहित समाज के पतन के कारण हिन्दू समाज में अंतर्विरोध बहुत बढ़ गया है । हिन्दू धर्म के बारे में नई पीढ़ी को बताना और उनको सन्मार्ग पर चलने की प्रेरणा देना यह पुरोहित का मुख्य उद्देश्य हुआ करता था। लेकिन समय के साथ यह उद्देशय धुंधला पड़ने के कारण नई पीढ़ी की हिन्दू धर्म में रुचि कम होती जा रही है।

आज का पुरोहित क्या कर सकता है ?

सबसे पहले तो हमें एक ऐसे संगठन की जरूरत है जो पुरोहितों के नैतिक और धार्मिक मूल्यों को एक नई दिशा दे सके । हमें आज ऐसे पुरोहितों की आवश्यकता है जो आज के युवा को पुरोहित बनने के दायित्व का बोध कराये । पूजा पद्धत्ति का देश, काल और पात्र के अनुसार सरलीकरण और आधुनिकीकरण उनका मुख्य दायित्व हो । पुरोहित समाज का आज के युवा के प्रति दायित्व है कि वह ऐसी मान्यताओं से जो पूरे ब्रह्माण्ड को एक घर और पूरे विश्व को एक परिवार मानती हैं उनको बोध कराएं । इससे वैश्विक विशाल हृदय हिन्दू समाज की स्थापना को पूरा बल मिलेगा और आज का भारतीय युवा विश्व का एक जिम्मेदार नागरिक बन कर उभरेगा ।

मेरा पुरोहित होने के नाते प्रयत्न ।

एक प्रशिक्षित पुरोहित होने के नाते आज मैं हिन्दू धर्म की आठ मूल आस्थाओं के बारे में बताऊंगा । यह आठ अस्थायें ऐसी हैं जिनके कारण ही हिन्दू धर्म आज भी गौरव पूर्ण रूप से जिन्दा है और शांति प्रिय और सहिष्णु है । इस धर्म की आस्थायें हिन्दू समाज को पुरे विश्व का कल्याण करने की प्रेरणा देती हैं । सभी हिन्दू प्रत्यक्ष या अप्रत्यक्ष रूप से इन्ही आस्थाओं पर जाने या अनजाने विश्वास करते हैं । यही कारण है कि जितने भी पंथ हिन्दू धर्म से निकले हैं जैसे कि सिक्ख पंथ या जैन धर्म या बौद्ध धर्म वो कहीं न कहीं इन्ही आस्थाओं में से कुछ आस्थाओं पर विश्वास करते हैं । हिन्दू धर्म अपने आप में एक पूर्ण दार्शनिक सिद्धांत है जो अपने दर्शन शास्त्र

से मानव जाति को अच्छे कार्य करने की प्रेरणा देता है । अब हम इन मूल आठ आस्थाओं को बारी बारी से देखेंगे ।

अध्याय-15

हिन्दू धर्म की मूल आस्थाएं ।

हिन्दू दर्शन शास्त्र और हिन्दू धर्म का पालन करने वाले इस धर्म को एक वैश्विक धर्म मानते हैं जो कि पूरे ब्रह्माण्ड को एक घर और पूरे विश्व को एक परिवार के रूप में देखता है । अब हम यह देखेंगे कि हिन्दू धर्म में ऐसा क्या है जो इस धर्म को एक वैश्विक धर्म होने का श्रेय देता है । हम इस धर्म की मूल आस्थाओं के बारे में समझेंगे ।

1   हिन्दू धर्म की पहली मूल आस्था या सिद्धांत ।

हिन्दू धर्म का पहला मूल सिद्धांत है कि परमात्मा इस ब्रह्माण्ड के कण-कण में बसता है । सभी जीवित या स्थूल खण्डों के कण-कण में ईश्वर का वास है । परमात्मा का सूक्ष्म अंश आत्मा ही हर जीव के हृदय में निवास करता है । उस परमात्मा को ॐ के नाद से या उद्घीत प्राणायाम से महसूस किया जा सकता है । ऐसा ब्रह्माण्ड का कोई भी अंश नहीं है जहाँ परमात्मा का निवास नहीं है । ॐ शब्द का नाद किसी भी जीव को पूरे ब्रह्माण्ड से और परमात्मा से जोड़ देता है ।

2 हिन्दू धर्म की दूसरी मूल आस्था या सिद्धांत ।

हिन्दू धर्म की दूसरी मूल आस्था या सिद्धांत है कि यह पूर्ण ब्रह्माण्ड परमात्मा के आधीन है । इस ब्रह्माण्ड के सृजन से पहले भी परमात्मा थे और प्रलय के बाद भी परमात्मा रहेंगे । परमात्मा अपनी इच्छा से इस ब्रह्माण्ड को प्रकट करते हैं और कल्प के अंत में पूर्ण ब्रह्माण्ड उसी परमात्मा में ही लीन हो जाता है ।

3 हिन्दू धर्म की तीसरी मूल आस्था या सिद्धांत ।

हिन्दू धर्म की तीसरी मूल आस्था है त्रिदेव में विश्वास । सभी हिन्दू सदियों से मानते हैं कि परमात्मा ब्रह्मा के रूप में ब्रह्माण्ड का सृजन करते हैं, विष्णु के रूप में पालन करते हैं और शिव या रूद्र के रूप में सभी जीव परमात्मा में विलीन हो जाते हैं ।

4 हिन्दू धर्म की चौथी मूल आस्था या सिद्धांत ।

हिन्दू धर्म की चौथी मूल आस्था है स्त्री और पुरुष में समानता। यदि हिन्दू सदियों से त्रिदेव में विश्वास रखते आए हैं तो वह सदियों से त्रिदेवी में भी विश्वास रखते आये हैं । ब्रह्मा जी की पत्नी सरस्वती जी, विष्णु जी की पत्नी लक्ष्मी जी, और शिव जी की पत्नी पार्वती जी, इन तीनो देवियों की पूजा अर्चना सभी हिन्दू उतने ही सम्मान से करते आये हैं जितने सम्मान से त्रिदेव की पूजा अर्चना करते हैं । इन देवियों को माँ कह कर पुकारा जाता है । यह अलग बात है कि पृथक पृथक कट्टरवादी सम्प्रदायों से संघर्षरत रहने के कारण इस में कुछ अपवाद भी दिख जाते हैं ।

5   हिन्दू धर्म की पांचवीं मूल आस्था या सिद्धांत ।

हिन्दू धर्म की पांचवी आस्था या हिन्दू धर्म का पांचवां स्तम्भ है परमात्मा के अवतारवाद में विश्वास । जब जब सज्जन और सभ्य समाज पर दुष्ट व्यक्तियों द्वारा अत्याचार अपनी चरम सीमा पर पहुँच जाता है और अधर्म और अत्याचार का बोलबाला हो जाता है परमात्मा किसी न किसी रूप में पृथ्वी पर जन्म लेते हैं और अधर्मियों का नाश करते हैं । दुराचारियों और दुष्टों का नाश करने के लिए परमात्मा अवतार धारण कर के धर्म की पुनः संस्थापना करते हैं । भगवान राम और भगवान श्री कृष्ण के अवतार को तो सारे हिन्दू समाज में बड़ी भक्ति से गाया और सुनाया जाता है । इन अवतारों की पूजा अर्चना भी बड़े जोश के साथ की जाती है और उनका चरित्र जन-जन द्वारा गाया और सुनाया जाता है ।

6   हिन्दू धर्म कि छठी आस्था या सिद्धांत ।

हिन्दू धर्म की सबसे महत्वपूर्ण और बड़ी आस्था और निष्ठा है पुनर्जन्म में विश्वास । शरीर स्थूल है और आत्मा (परमात्मा का सूक्ष्म अंश) सूक्ष्म और अनंत है । शरीर मरता है पर आत्मा नहीं मरती । इस सूक्ष्म आत्मा का शरीर हर मरण पर बदलता है और तब तक पुनर जनम और मृत्यु के चक्र में पड़ा रहता है जब तक उस आत्मा को मोक्ष न मिल जाए और वह परमात्मा में विलीन न हो जाए । पुनर जन्म में आस्था के कारण ही हिन्दू धर्म में कर्म योग, ज्ञान योग और भक्ति योग जैसे कर्मों की प्रधानता है । व्यक्ति जैसे कर्म करेगा उसे वैसा ही फल मिलेगा यानि उसको पिछले जन्म का फल अगले जन्म में भोगना पड़ेगा । यही सिद्धांत हिन्दू धर्म के अनुयायिओं को इस

जीवन में पर्यावरण और ब्रह्माण्ड के कल्याण और निस्वार्थ अपने कर्तव्य करने की प्रेरणा देता है ।

7 हिन्दू धर्म की सातवीं मूल आस्था ।

हिन्दू धर्म की सातवीं मूल आस्था है कि सेवा, प्यार और भक्ति से ओत प्रोत प्रत्यक्ष व्यक्ति, मूर्ति या पुस्तक भगवान का स्वरुप ले सकती है । स्वार्थरहित सेवा, प्यार और भक्ति ही परमात्मा का विशेषण है । कोई भी व्यक्ति, पत्थर, पत्थर की मूर्ति या पुस्तक जो इन विशेषताओं का प्रतीक बन जाये वह भगवान के रूप में अर्चना के काबिल है । जीव किसी भी रूप में किसी भी देवता की पूजा करे परमात्मा उस भक्ति का फल उन्ही देवताओं के द्वारा ही देते हैं । जीव किसी भी रूप में भगवान को चाहे, भगवान उसी रूप में भक्त के पास आते हैं । हिन्दू धर्म में बहुत से ऐसे देव हैं जो की सेवा कर्तव्य परायणता, प्यार, और भक्ति के अटूट स्वरुप हैं और सभी शुभ कार्यों को बिना किसी विघ्न के संपन्न करने वाले माने जाते हैं ।

8 हिन्दू धर्म की आठवीं मूल आस्था ।

हिन्दू धर्म का आठवा स्तम्भ है ज्ञान और गुरु की सर्वोच्च महिमा । गुरु में शिष्य का अटूट विश्वास । यह विश्वास कि गुरु के दिखाए रास्ते पर चल कर ही ज्ञान और परमात्मा को पाया जा सकता है ।

हिन्दू धर्म में सभी को अपना मत रखने और अपने तरीके से भगवान् को पाने की छूट है । इसीलिए हिन्दू धर्म के बारे में पूर्णता से लिखना किसी के बस की बात नहीं है और लगभग असंभव है । हिन्दू धर्म के बारे में जो कुछ भी लिख लो हिन्दू

समाज में ही कोई न कोई विपरीत सम्मानित विचार जरूर मिल जाएगा । यह हिन्दू धर्म की बहुत बड़ी विशेषता है कि यह परस्पर विरोधी विचारों को भी आत्मसात कर लेता है । यही विशेषता हिन्दु धर्म को सब धर्मों से विशेष बनाती है । जीव किसी भी रूप में भगवान् को चाहे, भगवान उसी रूप में भक्त के पास आते हैं । हिन्दू धर्म में बहुत से ऐसे देव हैं जो कि सेवा कर्तव्य परायणता, प्यार और भक्ति के अटूट स्वरुप हैं और सभी शुभ कार्यों को बिना किसी विघ्न के संपन्न करने वाले माने जाते हैं ।

अध्याय-16

हिन्दू धर्म के ग्रन्थ और उन की परम्परा ।

हिन्दू धर्म जो कि सनातन धर्म के नाम से भी जाना जाता है विश्व का सब से पुरातन धर्म है । इसका इतिहास 5000 साल पुराना है। आज हिन्दू धर्म और हिन्दू संस्कारों को मानने वालों की संख्या लगभग 120 करोड़ है और यह दुनिया का तीसरा सबसे बड़ा धर्म है । जब कागज़ का आविष्कार भी नहीं हुआ था तब भी वेदों के एक--एक शब्द को सिलसिलेवार याद करके इसे एक पीढ़ी से दूसरी पीढ़ी तक ले कर जाया गया । या यूँ कहें कि वेदों को सुन-सुन कर एक पीढ़ी से दूसरी पीढ़ी तक श्रुति के माध्यम से ले जाया गया । जब कागज का आविष्कार हुआ तो इन वेदों को जो कि श्रुति द्वारा हजारों साल तक एक पीढ़ी से दूसरी पीढ़ी तक ले कर आये थे उनको लिखित रूप में प्रवर्तित किया गया । हिन्दू धर्म किसी को भी अपने आपको हिन्दू बोलने से वर्जित नहीं करता है और न ही किसी को अलग विचारों के कारण निष्कासित करता है। बल्कि हिन्दू धर्म भगवान को पाने के अलग अलग रास्तों के बारे में खोज करने की प्रेरणा देता है । हिन्दू धर्म पुरे विश्व को एक परिवार के रूप में देखता है और पूरे ब्रह्माण्ड और मानव जाति की भलाई के बारे में सोचता है ।

हिन्दू धर्म पर आक्रमण ।

सदियों से पृथकवादी पंथों द्वारा और उन पंथों के आक्रमणकारियों द्वारा हिन्दू धर्म की उदारवादी सोच के ऊपर प्रहार होते रहे हैं । लेकिन अपनी उदारवादी और अखंड मानवजाति की भलाई की सोच होने के कारण हिन्दू धर्म ने उन अलग अलग विचारों को भी स्वीकार किया और उनके साथ मिल जुल कर रहने का सन्देश ही दिया है । यही कारण है कि यह धर्म हजारों सालों से लगातार आक्रमण होने के बावजूद अभी तक जिन्दा है ।

अपनी उदारवादी सोच होने के कारण और लगातार संघर्षरत होने के कारण हिन्दू धर्म में बहुत सी त्रुटियां घर कर गईं हैं । हिन्दू धर्म दूसरी पृथक वादी और कट्टरवादी पंथों से इतना संघर्षरत रहा है कि पीढ़ी दर पीढ़ी हिन्दू होने के मायने क्या हैं इसमें भी विशुद्धियाँ आती गईं । समय के साथ हिन्दू होने के मायने क्या हैं यह भी इतना धुंधला हो गया है कि जितने मुँह उतनी बातें होने लगीं । हिन्दू समाज इतना बंट गया है कि हिन्दू समाज के हितैषी लोगों को सर्वोच्च न्यायालय का दरवाजा खटखटाना पड़ा कि वह हिन्दू होने के मायने को परिभाषित करे । यह हिन्दु धर्म के हजारों सालों से गिरते हुए पुरोहित समाज की बहुत बड़ी असफलता थी ।

अध्याय-17

मृत्यु और मोक्ष का अन्तराल और श्राद्ध ।

हिन्दू धर्म के अनुसार मृत्यु के बाद आत्मा नए शरीर को धारण करती है । लेकिन आत्मा यह शरीर मृत्यु के बाद एक दिन में ही धारण नहीं कर लेती । ऐसा माना गया है कि मृत्यु के बाद आत्मा उपयुक्त शरीर की खोज और धारण करने के लिए समय लेती है । मृत्यु के बाद के इसी अंतराल में पिछले कर्मों के अनुसार उपयुक्त शरीर धारण करने के इंतज़ार में ही विभिन्न अंत्येष्टि संस्कारों का विधान हिन्दू शास्त्रों जैसे कि यम पुराण, पद्म पुराण, वायु पुराण, नारद पुराण आदि शास्त्रों में किया गया है । इसी अंतराल में दिवंगत आत्मा को बहुत अच्छी योनि और शरीर प्राप्त हो जाए या मोक्ष प्राप्त हो जाए इसी प्रार्थना के लिए भिन्न-भिन्न दान क्रियाओं, पिंडदान और श्राद्ध क्रियाओं का विधान है । इसी दान और क्रियाओं और अपने कर्मों के फलस्वरूप दिवंगत आत्मा मोक्ष प्राप्त कर ब्रह्माण्ड में परम् पद में स्थित रहती है ।

कर्म और पुनर जन्म ।

कर्म और पुनर जन्म एक दुसरे से जुड़े हुए हैं और कर्मों के फल भोगने के लिए ही पुनर्जन्म होता है । पुनर जन्म का पहला

उद्देश्य यह है कि जीव अपने अच्छे कर्मों का फल भोग कर फिर जन्म लेकर अपने अच्छे कार्य निरंतर जारी रख सके । अंत्येष्टि संस्कार और श्राद्ध कर्म इसी अच्छी यात्रा की कामना के लिए प्रार्थना का स्वरुप भर हैं । यह कार्य दिवंगत आत्मा के लिए प्रार्थना है कि वह जल्दी-जल्दी अपने अच्छे कर्मों के फल को भोग कर मोक्ष की प्राप्ति करे ।

इसी तरह पुनर-जन्म का दूसरा उद्देश्य मोक्ष प्राप्त करना है । इस ध्येय में वह सभी व्यक्ति जिनमें दिवंगत आत्मा का कोई भी अंश है प्रार्थना कर के इस मोक्ष की प्राप्ति को और भी आसान बनाने में योगदान कर सकते हैं । ईश्वर को पितरों के प्रति प्रार्थना और दान, श्राद्ध पितृकर्म या श्राद्धकर्म कहलाता है ।

अध्याय-18

कर्म योग ।

हिन्दू धर्म में कर्म योग की बहुत महत्वता है । वास्तव में हिन्दू धर्म या सनातन धर्म अपने आप में एक सम्पूर्ण ऐसा दर्शन शास्त्र है जो कि पूर्णतया यह सिखाता है कि हमें शुभ कर्म और अपने कर्तव्य का पालन क्यों करना चाहिए । कर्म योग यह विश्वास भी पक्का करता है कि यदि हम अच्छे और कल्याणकारी कर्म करेंगे तो अगले जन्म में भी हम अच्छे जीवन को प्राप्त करेंगे ।

पुनर जन्म ।

सनातन धर्म के शास्त्रों और भागवद गीता में प्रतिपादित किया गया है कि जैसे पुराने कपडे जर्जर होने पर हम नए कपड़े पहन लेते हैं वैसे ही हमारी आत्मा शरीर के जर्जर होने पर नए शरीर को धारण कर लेती है जिसे पुनर जन्म की संज्ञा दी गयी है । हिन्दू धर्म का यह विश्वास है कि हर जीव में आत्मा का वास होता है और यह आत्मा हमारे जीवन और कर्मों की निष्पक्ष साक्षी है ।

जीवन का अंतिम ध्येय परमात्मा से इस आत्मा का मिलन है और इसी मिलन से ही बार-बार पुनर जन्म से छुटकारा और

मोक्ष मिल सकता है । सनातन धर्म में मोक्ष ही जीवन का अंतिम लक्ष्य है । इसी जीवन में यदि हम लाभ, हानि, सुख, दुःख या स्वार्थ से ऊपर उठ कर अपना कर्तव्य करें तो हमें इसी जीवन में ही मोक्ष का अनुभव होने लगता है और हमारी आत्मा का मिलन परमात्मा से अवश्य हो जाता है ।

ॐ गणेशाय: नमः ।

अध्याय-19

जीव शरीर क्या है ? इन्द्रियां मन और बुद्धि क्या हैं ?
और मृत्यु क्या है ?

हिन्दू धर्म में जीवन और जीव के शरीर की संरचना क्या है इस पर हिन्दू धर्म में हजारों सालों से बहुत शोध होता रहा है और आज भी बहुत से दार्शनिक इस पर विचार करते रहते हैं । शरीर, मन, आत्मा, इन्द्रियां और शरीर के तत्वों के ऊपर हजारों सालों से भारत में अध्यातिक खोज चलती रही है । वाद-विवाद और शास्त्रार्थ के द्वारा इस आध्यात्मिक सोच की पराकाष्ठा हम अपने धार्मिक ग्रंथों में देख सकते हैं ।

भागवत गीता में भगवान श्री कृष्ण अर्जुन से कहते हैं कि तेरे भी और मेरे भी बहुत जन्म हुए हैं लेकिन हम दोनों में अंतर सिर्फ यह है कि मुझे सभी जन्म याद हैं और तुझे नहीं (गीता २/२२)

पंचतत्व और आत्मा ।

हिन्दू धर्म के अनुसार हमारा ब्रह्मांड, धरती, जीव जंतु, प्राणी और मनुष्य सभी का निर्माण छह तत्वों से हुआ है । इन छह तत्वों में से पांच तत्वों को हम सभी जानते हैं । हिन्दू धर्म के

अनुसार जीव स्थूल शरीर पांच तत्वों से बना है । यह पांच तत्व हैं पृथ्वी, जल अग्नि, वायु और आकाश । इन पंच तत्वों से ऊपर एक और तत्व है जो कि आत्मा है जिसके होने से ही यह तत्व अपना काम करते हैं। इन पांच तत्वों से ऊपर जो अंश आत्मा है वह परमात्मा का अंश है, इसीलिए हम इसे आत्मा कहते हैं । इन पांच तत्वों और आत्मा की मौजूदगी से ही यह शरीर चलायमान होता है और चेतन होता है । यदि इन पांच तत्वों और आत्मा में से एक भी तत्व शरीर में न रहे तो शरीर जीवित या चेतन नहीं रहता है और इसीको मृत्यु कहते हैं ।

पंचइन्द्रियाँ और मन ।

हिन्दू धर्म के अनुसार शरीर में पांच इन्द्रियां और एक मन होता है। मन इन्द्रियों का राजा है और बाकि पांच इन्द्रियां मन के कहने पर चलती हैं । पांच ज्ञानेन्द्रियाँ हैं (कान, नेत्र, रसना, नासिका और त्वचा) । मन इन इन्द्रियों को ग्रहण करता है और इन्द्रियों का राजा भी कहलाता है ।

बुद्धि ?

माँ के पेट से लेकर, माता पिता के डीएनए से जन्मजात ज्ञान और जीवन पर्यन्त अपने अनुभवों से जो ज्ञान मिलता है उस के मस्तिष्क में भण्डारण को बुद्धि कहते हैं ।

कर्मेन्द्रियाँ ?

शरीर में पांच कर्मेन्द्रियाँ हैं । जिह्वा, हाथ, पैर, गुदा और लिंग । यह पांच कर्मेन्द्रियाँ ही इन्द्रियों, मन और बुद्धि के अधीन हैं और उनके अनुसार शरीर का कार्य करती हैं ।

विवेक ?

इन्द्रियों, कर्मेन्द्रियों और तात्कालिक बुद्धि से जो मनुष्य कर्म करता है उसका प्रभाव मन और शरीर पर पड़ता है । यह प्रभाव हमारे इर्द गिर्द समाज के अनुसार, अनुकूल या प्रतिकूल लगता है उसी अनुभव का भण्डारण हमारी बुद्धि में लगातार होता रहता है और यही भण्डारण हमारे जीवन में होने वाले हर फैसले का आधार बन जाता है । इस अनुभव के भण्डारण को विवेक कहते हैं । यह विवेक इस बात पर निर्भर करता है कि हमारे शरीर की संरचना किस तरह की है और हमारा जन्म किस समाज में हुआ है । यही अनुभव और कर्म करने की प्रेरणा, क्षमता या अक्षमता विवेक कहलाती है ।

मन से, और बुद्धि से विवेक पैदा होता है । अपने जीवन में शरीर, मन, बुद्धि और विवेक से जो भी मनुष्य कर्म करता है उन सब कर्मों का साक्षी आत्मा होती है । हिन्दू संस्कारों के अनुसार किसी भी व्यक्ति की मृत्यु हो जाने पर आत्मा शरीर को छोड़ कर चली जाती है और समयानुसार दूसरा उचित शरीर ग्रहण करती है । उस मृत व्यक्ति की आत्मा ने कर्म साक्षी रह कर जीव के कर्मों को देखा होता है । पुनर जन्म होने पर नया शरीर उन्ही कर्मों का फल भोगता है ।

पुनर्जन्म में कर्मों के प्रकार ।

अब यह प्रश्न उठता है कि यदि पुनर्जन्म के अनुसार ही मनुष्य को फल मिलना है तो फिर कर्म करने की मनुष्य को क्या आवश्यकता है । प्रश्न बिलकुल तर्कसंगत है । लेकिन मनुष्य का शरीर अपने तीन गुणों के अनुसार कार्य करता ही रहता

है और मनुष्य सोचता है कि वह कार्य कर रहा है । कर्म भी तीन तरह के होते हैं ।

1. संचित कर्म ।

2. प्रारब्ध कर्म ।

3. क्रियमाण कर्म ।

पिछले जन्मों के कर्म जिसका फल मनुष्य को वर्तमान में मिल रहा है उसी को प्रारब्ध कर्म कहते हैं लेकिन पिछले जन्मों के कर्मों का फल क्रियमाण कर्मों से अनुकूल या प्रतिकूल बनाया जा सकता है। क्रियमाण कर्म वह कर्म हैं जो मनुष्य अपनी बुद्धि और विवेक से करता है या कर रहा है ।

परमात्मा या ईश्वर ।

उपरोक्त तत्वों का पालनकर्ता और साक्षी ईश्वर या परमात्मा ही है।

हम उपरोक्त को यूँ भी कह सकते हैं कि पांच महाभूत (पृथ्वी, जल, अग्नि, वायु और आकाश), पांच कर्मेन्द्रियाँ (जिह्वा, हाथ, पैर, गुदा और लिंग), पाँच ज्ञानेन्द्रियाँ (कान, नेत्र, रसना, नासिका और त्वचा), पाँच विषय - (शब्द, रूप, रस, गंध और स्पर्श) तथा मन, बुद्धि, अहंकार, प्रकृति और पुरुष - ये पच्चीस तत्व हैं । पच्चीसवां तत्व पुरुष कहलाता है जो कि परमात्मा या नारायण या ईश्वर का ही नाम है ।

अध्याय-20

मृत्यु के बाद आत्मा का क्या होता है ?

अंत्येष्टि संस्कार तो देह के लिए है और उसके पांच तत्वों का ब्रह्माण्ड में विलीन होने का संस्कार है तो फिर आत्मा का क्या होता है । हिन्दू दर्शन शास्त्र में यह माना जाता है कि मृत्यु के तुरंत बाद आत्मा नया जन्म नहीं लेती है । कुछ समय बाद अनुकूल परिस्थितियों में और अपने सम्बन्धियों की प्रार्थना और दान कर्म के बल पर ही दिवंगत आत्मा उचित समय में उचित देह में जन्म लेती है । यही नियम हमारे अंतिम संस्कार और श्राद्ध कर्म का अमिट स्तम्भ है । यह समय लगभग १० दिन का माना गया है और दशगात्र इन्ही दस दिनों में अमन्त्तक श्राद्ध का प्रतीक है ।

शास्त्रों में अंत्येष्टि कर्म का स्वरुप ।

हमारे शास्त्रों और पुराणों में मृत्यु का स्वरुप, मरणासन्न व्यक्ति की अवस्था, और मृत्यु के बाद दाह संस्कार, मोक्ष और दिवंगत आत्मा के लिए किये जाने वाले कर्मों तथा तरह तरह के दानों का विधान है । साथ ही साथ मृत्यु के बाद संस्कार, पिंडदान, तर्पण, श्राद्ध और पापों के प्रायश्चित का भी विधान है ।

मृतक जीव के सम्बन्धियों का कर्तव्य ।

जीव के इस पृथ्वी लोक से जाने के बाद उस जीव के सम्बन्धीयों, जिनमें उस जीव का कोई अंश या सम्बन्ध है उनका क्या कर्तव्य है, यह जानकारी सभी को होनी चाहिए । पुण्य में स्वर्ग की कल्पना और पाप में नरक की कल्पना शास्त्रों में है । शास्त्रों के अनुसार पुत्रों, पौत्रादि, या पुत्री का यह कर्त्तव्य है कि वह अपने दिवंगत माता पिता तथा पूर्वजों के लिए श्रद्धा पूर्वक प्रार्थना, संस्कार कर्म, दान और श्राद्ध करे जिससे मृत प्राणी को परलोक में या अन्य योनियों में सुख की प्राप्ति हो । इसीलिए भारतीय संस्कृति में माता पिता तथा परिवार के पितरों के निमित्त श्राद्ध करने की अनिवार्यता बताई गयी है । श्राद्ध कर्म को पितृ कर्म भी कहते हैं । पितृ कर्म का मतलब पितरों या पूर्वजों के लिए प्रार्थना से ही है ।

पितृकर्म और श्राद्ध कर्म जटिल क्यों हैं ।

आजकल विधिपूर्वक, दीर्ध पितृ कर्म करने के लिए न तो समय है न ही उसको कोई विद्वान अच्छी तरह समझ पाता है । समय के साथ संस्कार पुरोहितों ने अपना वर्चस्व बनाये रखने के लिए एक आसान प्रक्रिया को जटिल से जटिल बना दिया है । एक तो पुरोहितों की कमी और दूसरा श्राद्ध और पितृ कर्म की भाषा संस्कृत में होना और तीसरा बहुत जटिल और लम्बा होना और चौथा लालच का समावेश सभी संस्कारो को आम जनता से दूर करता जा रहा है । संस्कृत भाषा भी लुप्त होती जा रही है और पुरोहित समाज ने देश, काल और परिस्थिति के अनुसार संस्कारो को आम भाषा में इस्तेमाल करने का काम भी नहीं किया है । पुरोहित समाज अपने वर्चस्व बनाये

रखने के लिए संस्कारों को जटिल से जटिल बनाते गए और उन जटिल प्रक्रियाओं का विस्तार भी करते गए ।

यही कारण है कि आम जनता इन संस्कारों से अनभिज्ञ हो गयी है और लोकाचारों और काम चलाऊ संस्कार करने वालों के हाथ अपने संस्कार थमा बैठी है ।

अध्याय-21

जीव, देह, आत्मा, पुर्नजन्म ।

भारतीय दर्शन शास्त्र में आत्मा को छोड़ कर सब नश्वर माना गया है । संसार आवागमन, जन्म-मरण और नश्वरता का केन्द्र है । इस परपंच से मुक्ति पाना और जन्म-मरण के चक्कर से छूट जाना ही मोक्ष है ।

महाभारत में और भागवत गीता में अर्जुन श्री कृष्ण से कहते हैं – "हे कुंतीनंदन, अर्जुन तेरे और मेरे कई जन्म हो चुके हैं, फर्क सिर्फ यह है कि मुझे सारे जन्म याद हैं लेकिन तुझे नहीं, जैसे मनुष्य पुराने वस्त्र त्याग कर नए वस्त्र धारण कर लेता है, वैसे ही जीवात्मा पुराने शरीर को त्याग कर दूसरे नए शरीरों को धारण करती है"

यहूदी, इसाई, इस्लाम, पुनर जन्म के सिद्धांत को नहीं मानते हैं जबकि हिन्दू धर्म में इसकी विशेषता है । दुनिया में ऐसे हजारों किस्से मिल जाएंगे जिसमें कुछ लोगों को अपने पिछले जन्म की याद है । विज्ञान भी इस सम्बन्ध में खोज कर रहा है। प्रसिद्ध दार्शनिक सुकरात, प्लेटो और पाइथागोरस भी पुनर जन्म में विश्वास रखते थे ।

जन्म और मृत्यु के अन्तराल में ही भौतिक जीवन माना गया है, लेकिन हिन्दू शास्त्र मानता है कि जीवन तो मरने के बाद

भी जारी रहता है । आत्मा शरीर में है तो भौतिक संसार है और आत्मा शरीर से अलग हुई तो परलौकिक संसार है ।

आत्मा और परमात्मा ।

आत्मा ही परमात्मा का अंश है । जब परमात्मा का अंश आत्मा शरीर से छूट जाता है तो स्थूल शरीर नष्ट हो जाता है । लेकिन दो चीजें फिर भी रह जाती हैं मन और सूक्ष्म शरीर या आत्मा। मन ही आत्मा के साथ इस ब्रह्माण्ड में विद्धमान रहता है । इस मन में उसकी बुद्धि, स्मृतियाँ और अनुभव व पिछले जन्म के कर्म की जानकारी सुरक्षित रहती हैं । मृत्यु के बाद आत्मा सूक्ष्म भाव में रह कर अगले जन्म मिलने का इंतज़ार करती रहती है ।

अध्याय-22

मरणासन्न अवस्था में न करने योग्य कार्य ।

मरणासन्न अवस्था में करने योग्य कार्य ।

मरणासन्न अवस्था क्या है ?

जब कोई प्रिय जन या व्यक्ति अपने जीवन के अंतिम पढाव पर होता है और उसका शरीर बहुत कमजोर पड़ चुका होता है और आखिरी साँसे गिन रहा होता है, उसी अवस्था को मरणासन्न अवस्था कहते हैं । प्रायः कई व्यक्ति मरणासन्न अवस्था से पुनः निरोग अवस्था में भी आ जाते हैं इसलिए सम्बन्धियों को मरणासन्न व्यक्ति का बहुत ध्यान रखना चाहिए। प्रायः मरणासन्न अवस्था नश्वर शरीर की अंतिम यात्रा के आरम्भ का पहला लक्षण है ।

मरणासन्न अवस्था में करने योग्य कार्य ।

जब भी हमारा कोई प्रिय जन किसी भी यात्रा पर जाता है तो हम सब उसकी यात्रा को सुखमय बनाने के लिए जी जान से लग जाते हैं । उसी तरह हमें अपने मरणासन्न सम्बन्धी या मित्र की अंतिम यात्रा को सुखमयी बनाने के लिए प्रयत्न करना चाहिए । किसी व्यक्ति या सम्बन्धी के मरणासन्न अवस्था में

आने पर घर के लोग शोक में डूब जाते हैं और रोना धोना शुरू कर देते हैं । हमें उसकी अंतिम यात्रा की तैयारी सुखमय बनानी चाहिए । उसका बिस्तर आरामदायक हो । मरणासन्न व्यक्ति या तो घर में होगा या हस्पताल में होगा । प्रयास करें कि उस मरणासन्न व्यक्ति के सम्मुख भगवान का चित्र हो । उसके कमरे में ताजा फूल रखें जिससे उसका मन प्रसन्न रहे। उसके सम्मुख मुस्कुराते हुए आशा भरे सन्देश सुनाएँ । गीता के अनुसार यदि मरते समय भी मरणासन्न व्यक्ति भगवान का स्मरण कर ले तो उसका केवल स्मरण मात्र भी मोक्षदायी होता है ।

मरणासन्न अवस्था में न करने योग्य कार्य ।

भूल कर भी न रोयें । क्योंकि रोना मरणासन्न व्यक्ति को घोर कष्ट देता है और घोर पीड़ा देनेवाला होता है । मरणासन्न व्यक्ति के सामने शोक का प्रदर्शन बिल्कुल नहीं करना चाहिए। अक्सर देखा गया है कि सम्बन्धी मरणासन्न व्यक्ति को पूछते हैं कि आप मुझे पहचान रहे हैं ? मैं आपका पुत्र हूँ या मित्र ? ऐसा प्रयास कभी न करें । यह कार्य मरणासन्न व्यक्ति की अंतिम यात्रा को बाधित करता है और बंधन में डाल देता है । हमारा प्रयास यह होना चाहिए कि मरणासन्न व्यक्ति को हर पल सुख का और भगवान का स्मरण हो । शास्त्रों या किसी अच्छी पुस्तक से वह कुछ सुनने का इच्छुक हो तो उस पुस्तक को पढ़ कर सुनाएँ या कोई भजन या रामायण की चौपाईआं पढ कर या बोल कर सुनाएं ।

अध्याय-23

क्या मरणासन्न व्यक्ति को खाट से नीचे उतारें ?

सामान्य रूप से देखा गया है कि मरणासन्न व्यक्ति को लोकाचार के अनुसार खाट से उतार कर चादर बिछा कर जमीन पर लिटा दिया जाता है । यह लोकाचार तर्क संगत और आधुनिक युग में बिलकुल भी मान्य नहीं है । न ही किसी शास्त्र में ऐसा करने को कहा गया है ।

आदि काल में मिटटी के फर्श होते थे और पलंग या खाट बड़े होते थे और घर में संसाधन इतने नहीं होते थे । एक ही खाट का इस्तेमाल परिवार के कई सदस्य करते थे तो शायद इसी लिए मरणासन्न व्यक्ति को पलंग से फर्श पर लिटा देने का लोकाचार पालन किया जाता होगा । इससे मरणासन्न व्यक्ति की मनोस्थिति पर क्या असर पड़ता होगा यह एक विचारणीय बात है ।

आधुनिक युग में क्या तर्कसंगत है ?

भूल कर भी मरणासन्न व्यक्ति को खाट से नीचे न उतारें और जितना भी हो सके प्रयास करें कि उसकी अंतिम यात्रा की तैयारी बहुत अच्छी हो । मरणासन्न व्यक्ति के मन में भगवान के प्रति आभार और प्रेम की भावना को उजागर करने का

प्रयास करें । बिस्तर पर साफ़ सुथरी सफ़ेद चादर बिछाएं और संभव हो तो अच्छे धुले हुए कपडे पहनावें । गंगा जल साथ रखें । यदि मरणासन्न व्यक्ति समर्थ हो तो उसी के हाथ से दान और पूजा अर्चना करवा दें ।

यदि मरणासन्न व्यक्ति का या अन्य किसी परिवार के सदस्य का किसी व्रत का उद्यापन न हो सका हो तो उसे भी कर लेना चाहिए।

सुन्दर कांड में कहा गया है कि प्राण प्रयाण के समय भगवान का एक बार नाम लेने मात्र से मनुष्य संसार सागर को पार कर के भगवान के परम धाम को प्राप्त कर लेता है।

मरणासन्न व्यक्ति को तुलसी और चन्दन के संपर्क में रखें । कमरे में यदि शालिग्राम रखा हो तो वह मृत्यु उपरांत मोक्ष देने वाला होता है । मरणासन्न व्यक्ति यदि तुलसी और शालिग्राम के सान्निध्य में प्राण त्यागता है तो उसको स्वर्गलोक की प्राप्ति होती है ऐसा माना जाता है ।

अध्याय-24

मरणासन्न व्यक्ति की मृत्यु यदि निश्चित हो ?

जब यह निश्चित हो जाये की व्यक्ति की मृत्यु होने ही वाली है तो उसके निकट सम्बन्धियों को समाचार दे देना चाहिए । मरणासन्न व्यक्ति के मुँह में थोड़ा थोड़ा पानी डालते रहना चाहिए । मरणासन्न व्यक्ति के कपडे उतारना या आभूषण उतारना या ऊपर की मंजिल से नीचे की मंजिल पर ले कर आने का प्रयत्न करना उचित नहीं है । उस समय प्राणी को किसी भी प्रकार का कष्ट नहीं होना चाहिए ।

मृत्यु के पश्चात् करने वाले कृत्य ।

किसी भी प्राणी की मृत्यु या तो घर पर होगी या हस्पताल में होगी। यदि मृत्यु किसी हादसे में होगी तो उसे हस्पताल में ले कर जाया जायेगा जहाँ उसे मृत् घोषित किया जाएगा ।

यदि मृत्यु हस्पताल में हो ?

यदि मृत्यु हस्पताल में हो या हादसे के बाद हस्पताल ले जाकर मृत घोषित किया जाए तो पोस्ट मार्टम की प्रक्रिया होती है । मृत प्राणी को सफ़ेद कपड़ों में इस तरह लपेटा जाये ताकि मृत प्राणी के जख्म न रिसें और न ही खुलें । जिस प्राणी की

मृत्यु हस्पताल में हो उस शव को जल्दी से जल्दी प्रक्रिया समाप्त कर के घर ले कर आने का प्रयास करना चाहिए ।

यदि मृत्यु घर पर हो ।

यदि मृत्यु घर पर हो तो मृत्यु के बाद ही शव को बिस्तर से उतार कर भूमि पर या चटाई पर या दरी बिछा कर दो तीन व्यक्ति मृतक को उस पर आराम से लिटा दें और फिर उस पर सफ़ेद चादर डाल दें । उस के बाद काष्ठ की बनी शव पालकी ले कर आएं और शव को उस पालकी में डाल देवें । मुँह का हिस्सा दर्शन के लिए खुला रखें और शव पालकी को फूलों से सजाएँ ।

अध्याय-25

मृत्यु के बाद के कृत्य ।

मृत्यु होने के पश्चात् मृत व्यक्ति के रिश्तेदारों को, परिचितों को, और मित्रों को तत्काल सूचना देवें । शव पालकी का बंदोबस्त करें और शव को अंतिम श्रद्धांजलि और अंतिम दर्शन के लिए शव पालकी में ही रखें । शव पालकी के ऊपर फूलों की

माला और फूल चढ़ाएं । अगरबत्ती या दिया जला कर शव पालकी के पास रखें । प्रयत्न करें की मृत देह को शीघ्र से शीघ्र अंतिम संस्कार के लिए ले जाया जा सके क्योंकि देह की स्थिति समय के साथ बिगड़ने लगती है और दुर्गन्ध आने लग जाती है। यदि समय पर सगे सम्बन्धी न पहुँच सकें या रात्रि में मृत्यु हो तो बर्फ का या रेफ्रिजरेटेड बॉक्स का उचित प्रबंधन रखना चाहिए ।

शव की यथा स्थिति रखने के लिए कृत्य ।

शव को शव पालकी में रखने से पहले शव को भूमि पर लिटा कर देखें यदि आँखें खुली हैं तो ॐ का जाप करते हुए आँखों को धीरे से मूंद दें । लिटाते समय ध्यान रखें कि मृतक के अंग सीधे हों । किसी वस्त्र या चुन्नी से दोनों पैरों को हल्का सा बांध

दें और इसी तरह दोनों हाथों को भी किसी चुन्नी या वस्त्र से हल्का सा बांध दें ताकि मृतक के अंग सिकुड़ न सकें या अकड़ कर टेढ़े न हो पावें । यह गांठ शव दाह के समय खोल देनी चाहिए ।

सामान्य रूप से यह देखा गया है कि यदि मृतक के हाथ पैर न बांधे तो कई बार वह सिकुड़ कर ऊपर की और उठ जाते हैं । मृत प्राणी के दाह संस्कार से पहले न रोवें बल्कि उसकी सद्गति के लिए गायत्री मंत्र या रामायण या गीता या महामृत्युंजय का पाठ करना चाहिए । मृतक प्राणी के नाक कान आदि में घी की कुछ बूंदे डाल दें ताकि वह भी सिकुड़े नहीं । हमारे शास्त्रों में भी शव के कर्ण आदि छिद्रों में घृत डालने आदि का विधान है । यह सब करके मुख को साफ़ करें जिससे अंतिम दर्शन में मुख साफ़ और अच्छा दिखे । मृतक को सफ़ेद सूती चद्दर में लपेट कर शव पालकी में जो कि फूलों से सजी हुई हो उस में रख देवें ।

अध्याय-26

शव का सिर और मुख किस तरफ रखें ।

दाह संस्कार से पूर्व घर में शव का सिराहना उत्तर की तरफ रखने का विधान है ।

शव के पास दिया या अगरबत्ती ।

मृतक का मुख साफ़ और दर्शन व श्रद्धांजलि के अनुकूल बना कर रखें । मृतक के शव के सिर के पास दिया जलाएं या धुप अगरबत्ती जलाएं जिससे आस पास का वातावरण भी सुगन्धित हो जाए । यदि शव या शव पालकी जमीन पर है तो दिया और अगरबत्ती भी जमीन पर ही रखें ।

यदि शव को पहले से ही बनी हुई शव पालकी में रखा है तो दिये और अगरबत्ती को भी एक ऊँचे स्टूल पर रखें जिससे सुगन्धित हवा शव के छिद्रों के पास ही रहे । शव पालकी को मृतक के आदर के लिए फूलों से सजाएँ ।

सम्बन्धियों की श्रद्धांजली ।

जब तक शव घर में रहे और चिर-परिचित सम्बन्धी या मित्र शोक प्रकट करने के लिए आएं तो मृतक के गुण गान करने चाहिएं । प्रयत्न करें कि उस वक्त शव को छुएं नहीं और रोएं

नहीं । हो सके तो बहुत हल्का हल्का महा मृत्युंजय मन्त्र के गायन का मन्त्र अपने स्पीकर्स में लगा देवें । जो श्रद्धांजलि देने आवें और बैठना चाहें उनके बैठने का बंदोबस्त रखें । कुर्सी या स्टूल आज के युग में ज्यादा वांछित है ।

अध्याय-27

शव यात्रा ।

मृतक के शव को अंत्येष्टि स्थान तक ले जाने को ही शव यात्रा कहा जाता है । शव यात्रा से पहले ही अंत्येष्टि संस्कार के लिए आवश्यक सब सामान सिद्ध कर लें । शव यात्रा से पूर्व निम्नलिखित कार्य और सामान सिद्ध कर लेने चाहिए ।

1. शव या मृत देह के स्नान के लिए चन्दन आदि सुगन्धित लेप को एकत्र कर लें ।

2. शव को पहनाने के लिए धुले हुए वस्त्र ।

3. जितना लम्बा शरीर हो उससे अढ़ाई गुना या साढ़े चार मीटर सफ़ेद नया कपडा शव को नीचे ऊपर से लपेटने के लिए ।

4. शुद्ध घी आवश्यकता अनुसार या दो किलो शुद्ध घी ।

5. चन्दन की थोड़ी सी लकड़ी । यदि न मिले तो सादी सूखी लकड़ी ।

6. कपूर और घी का दीपक ।

7. हवन सामग्री 4 किलो ।

8. सूखी लकड़ी यदि पलाश की हो तो पलाश की नहीं तो सादी सूखी लकड़ी ।

9. यदि मृतक स्त्री सधवा है तो सिन्दूर ।

10. शाल या चादर ऊपर ओढ़ने के लिए ।

11. अच्छी सुन्दर तरह बनी हुई शव पालकी या बांस की अर्थी ।

12. छै (6) पिंडदान का सामान ।

13. थोड़ी सुखी घास ।

14. दूर्वा (हरी घास) ।

15. फूल और फूल माला।

16. पिंड, पिंड दान के लिए । पिंड आटे को गूंथ कर घर में ही बनायें या गेहूँ को बोरी में भरकर छः बोरी बना लें ।

17. यह पुस्तक अंतिम संस्कार के शांति मन्त्र पढने के लिए।

इसमें से काफी सामान आज कल शमशान घाट पर ही मिल जाता है ।

अध्याय-28

शव यात्रा की व्यवस्था ।

यदि मृत्यु पुरुष की हो तो शव को पुरुष नहलाएं और यदि मृतक स्त्री हो तो देह को स्त्रियां नहलाएं । यदि नहलाने में कोई दिक्कत आये तो गीले कपड़े से शव को साफ़ कर देवें। चन्दन आदि लेप कर के नवीन वस्त्र या धुले हुए वस्त्र देह को पहना दें । यदि स्त्री सधवा है तो उसको सिंदूर और बिंदी लगा देवें । तैयार कर के शव को शव पालकी में रख देवें ।

यदि शव पोस्ट मोर्टेम से हो कर या किसी दुर्घटना में क्षतिग्रस्त हो कर हस्पताल से घर सफ़ेद वस्त्रों में लिपट कर आया है तो उसको न नहलाएं क्योंकि हस्पताल में ही शव की सफाई की जाती है और इस तरह से पैक किया जाता है कि जख्मों से रक्त न निकले । यदि शव की नहलाने की स्थिति न हो तो कुश से जल ले कर मार्जन करा दें और कपडे पहना दें । यदि मृतक यज्ञोपवीत धारी हो तो उसे यज्ञोपवीत पहना दें ।

शव पालकी ।

लकड़ी की अच्छी सी शव पालकी की व्यवस्था कर लें । शव पालकी का प्रयोग आर्मी में शहीद सैनिकों के लिए ज्यादा होता है। शव पालकी एक लकड़ी का लगभग छह फुट लम्बा और

दौ फुट चौड़ा बाक्स होता है जो शव को इज्जत से शोभा पूर्ण शव यात्रा में शोभयामान होता है ।   यदि शव पालकी की व्यवस्था न हो सके तो मजबूत बांस मंगाकर बांस की ही शव पालकी तैयार कर लें । शरीर की लम्बाई से शव पालकी थोड़ी लम्बी ही होनी चाहिए । यदि शव पालकी है तो मुख के पास थोड़ा खुला रखें । यदि बांस की शव पालकी है तो शव को रस्सी से अच्छी तरह अर्थी से बांध दें और उस के ऊपर कुश या केले के पत्ते का आसन बिछा दें । जो सफ़ेद कपडा 4 मीटर लिया है उससे शव को अच्छी तरह नीचे से और ऊपर से लपेट लें । इसी कपडे को कफ़न कहा जाता है । यदि शव पालकी है तो अच्छी तरह शव को पालकी में रख दें और यदि बांस की अर्थी है तो शव को अच्छी तरह से जूट की रस्सी से बांस की अर्थी से बांध दें और फूलों से लपेट देवें । यदि लोकाचार है तो शव के कान और नाक में घी की दो -दो बूंदे डाल दें । शव पालकी को फूलों से अच्छी तरह सजा देवें ।

अध्याय-29

शव का मुख और सिर किस तरफ हो ।

शवदाह से पूर्व शव का सिर उत्तर की तरफ हो और शवदाह के समय सिर दक्षिण की तरफ और अधोमुख होना चाहिए और सर धड़ से थोड़ा ऊँचा होने चाहिए ।

पिंड दान और पिंडदान का प्रयोजन ।

पिंडदान उस मृत शरीर के प्रति सादर प्रेम और अंतिम नमस्कार है जिस शरीर ने हमारे को किसी न किसी रूप में प्रभावित किया है । पिंड गुंथे हुए जौ के आटे और दुसरे पदार्थों से बनता है और गोल आकार का होता है । पिंड दान मोक्ष की प्रार्थना और पितरों के प्रति आदर और पूजा का प्रतीक और चिन्ह है । इस बात का भी प्रतीक है कि दिवंगत आत्मा जो अभी अपना शरीर खोज रही है उस के प्रति हमारी प्रार्थना है कि दिवंगत आत्मा जल्दी अपना पूर्ण स्वस्थ शरीर और नया तन प्राप्त करे और मोक्ष की तरफ अग्रसर हो ।

पिंड क्या है ।

लोकाचार के अनुसार अन्न, तिल, जल, दूध, मधु, और घी को मिला कर ही पिंड बनता है । इन सब चीजों को मिश्रित कर के सेब के अकार के 6 पिंड बना लें जो कि दान देने के काम आएंगे । यदि इसमें से कोई पदार्थ नहीं मिले तो भी कोई घबराने की आवश्यकता नहीं है । उस स्थिति में जौ के आटे, तिल और जल और दूध से ही घर में पिंड बना लेवें और अलग अलग लिफाफे में डाल देवें । यह दान किये हुए पिंड गाय को या मछली को बाद में खिला देवें । यदि पिंड बनाने का सामान एकत्र न होने पाए तो पिंड के मूल्य के बराबर द्रव्य दान कर देवें । आजकल गेहूँ की छोटी-छोटी बोरी पिंड की जगह दाने देने का भी प्रचलन है और ऐसे दान का शास्त्रों में भी निषेध नहीं है ।

अध्याय-30

छह पिंड दान का प्रोयजन ।

शव यात्रा का घर से आरम्भ होने से ले कर अस्थि संच्चयन तक छः पिंड दान का प्रयोजन है ।

पिंड की अष्टाङ्गता और उद्देश्य ।

पिंड अन्न, जल, तिल, दूध, घी, मधु , धूप , और दीप से बनता है । जौ के आटे को अन्य वस्तुओं में भिगो कर फल के बराबर पिंड बना कर ही दान करें । धूप और दीप अलग से पिंड के साथ दान करें । पिंड दान पिछली सात पीढ़ियों के प्रति श्रद्धा और प्रार्थना का प्रतीक है । श्राद्ध में लोहे के पात्र का प्रयोग न करें ।

पिंडदान कौन करे ।

घर से शव को ले जाने से लेकर अस्थि संच्चयन तक पिंड दान मृतक का पुत्र, पुत्री, पत्नी, शव दाह का अधिकारी या घर का कोई वयोवृद्ध करे ।

पहला पिंड दान ।

घर से शव यात्रा शुरू होने से पहले पहला पिंड दान किया जाता है । पिंड दान घर का कोई भी व्यक्ति, या घर का कोई

भी वरिष्ठ व्यक्ति कर सकता है या पुरोहित कर सकता है । क्योंकि शव का सिर उत्तर की तरफ होता है इस लिए पहला पिंड दान करने वाला व्यक्ति पूर्व की और मुख कर के बैठे । पहला पिंड दान भूमि अधिष्ठ देव को जाता है । पिंड को जमीन पर सिर के पास रख कर जल छिड़क देवें और शव यात्रा आरम्भ करें । शव यात्रा में मृतक के शव के पैर घर की चौखट से पहले बाहर निकालें । दान किये हुए पिंड को गाय या किसी जीव को खिला देवें या पिंड के मूल्य के बराबर द्रव्य किसी जरूरत मंद व्यक्ति को दान कर दें ।

दूसरा पिंड दान ।

दूसरा पिंड दान घर की चौखट से निकलने के समय करना चाहिए। दूसरा पिंड दान गृह देव को जाता है । दूसरा पिंड दान करके चार जन शव पालकी को कंधे पर उठा कर शव को घर के पास चौराहे पर ले जाएँ ।

तीसरा पिंड दान ।

तीसरा पिंड दान चौराहे पर पहुंच कर करें यह पिंड दान गृह वास्तु देव को जाता है ।

चौथा पिंड दान ।

चौथा पिंड दान शमशान घाट में विश्राम स्थल पर रख कर करें । सिर उत्तर की और विश्राम स्थल पर रखें और चौथा पिंड दान करें। चौथे पिंड दान से तमोगुणी अवगुण नष्ट होते हैं ।

पांचवां पिंड दान ।

पांचवां पिंड दान काष्ठ की देह शैय्या पर करें । काष्ठ चयन के पिंड दान से राक्षसीय आदि प्राणी हवनीय देह को अपवित्र नहीं करते ।

छठा पिंड दान ।

अस्थि संच्चयन के समय छठा पिंड दान करें । छठे पिंड दान से दाह जन्य पीड़ा शांत करने की प्रार्थना की जाती है ।

अध्याय-31

मृत्यु स्थान से शमशान तक यात्रा ।

अर्थी या शव पालकी को चौराहे तक ले जाने के लिए पहले निकट सम्बन्धी कन्धा लगावें और फिर अन्य सम्बन्धी इष्ट मित्र उठा कर ले चलें । बीच में कन्धा बदलते रहें । शव यात्रा के आगे जल छिड़कते रहें और **राम नाम सत्य है** या **ॐ कर्तो स्मर** या **ॐ ख़म ब्रह्मा** का उच्चारण करें । प्राचीन काल में गांव का शमशान बहुत ज्यादा दूर नहीं होता था इस लिए जलूस के रूप में अर्थी को कन्धों पर ही शमशान घाट ले कर जाया जाता था । लेकिन आधुनिक काल में शमशान घाट यदि दूर हो तो घर के पास चौराहे से लेकर शमशान घाट तक अर्थी या शव पालकी को वाहन में ले कर जाना ही उचित है । एम्बुलेंस का भी इस्तेमाल किया जा सकता है । वाहन में ले जाते समय सिर के हिस्से को थोड़ा ऊपर रखें ।

शमशान घाट कैसा हो ।

आधुनिक युग में वातावरण के संरक्षण का कार्य बहुत ही तर्क-संगत और महत्वपूर्ण है । हमारे पौराणिक ग्रंथों में भी वनस्पति और जंगलों के संरक्षण को बहुत अहम् माना है । सदियों से दाह संस्कार शमशान घाट में लकड़ी से होता रहा है । पलाश

की और चन्दन की मनों लकड़ी धनाढ्य व्यक्तियों के दाह संस्कार में इस्तेमाल होती रही है । यह तब तक तर्क-संगत था जब तक वन बहुत ज्यादा थे और जनसँख्या बहुत कम थी । आज के युग में हम सब को अग्नि का स्वरुप विधुत के रूप में देखना और बदलना होगा और दाह संस्कार को तर्क संगत बनाना होगा । यदि लकड़ी की बहुताहत हो और विधुतीय शमशान घाट न हो तभी लकड़ी से दाह संस्कार करें ।

अध्याय-32

विधुतीय शमशानघाट (इलेक्ट्रिक क्रेमोटोरियम) ।

सनातन धर्म के शास्त्रों और वेदों में कहा गया है कि परमात्मा का तेज पृथ्वी पर अग्नि के रूप में, आकाश में विधुत के रूप में, और अंतरिक्ष में सूर्य के रूप में विधमान है। अग्नि का आकाशीय स्वरुप ही विधुत है । इस लिए विधुतीय शमशान घाट शास्त्र संगत है । इसी लिए विधुतीय शमशान घाट हर नगर में स्थापित किये जा रहे हैं । विदेश में तो इसका इस्तेमाल और भी सुगम है । हम सब का यह कर्त्तव्य बनता है कि पर्यावरण के संरक्षण के लिए हम विधुत से ही दाह संस्कार को ज्यादा से ज्यादा अपनाएं और यह शास्त्र संगत भी है ।

पारम्परिक शमशान घाट ।

जो भी पारम्परिक शमशान घाट या विधुत शमशान घाट घर के पास हो उसका इस्तेमाल करें । यदि मृतक का दाह संस्कार विदेश में करना हो और शमशान घाट न हो तो वहाँ की स्थानीय सरकार से आज्ञा ले कर अलग जगह पर लकड़ी से दाह संस्कार करें ।

अध्याय-33

दाह संस्कार में वेश भूषा कैसी हो ?

जो भी सगे सम्बन्धी दाह संस्कार में जा रहे हों वह प्रयास करें कि धुले हुए सफ़ेद या काली वेश भूषा में ही रहें । सादे कपडे जैसे कि कुर्ता पायजामा या पतलून और कमीज़ पुरुषों के लिए और साड़ी या दूसरी कोई भी वेश भूषा स्त्रियों के लिए उचित है । अंतिम विदाई देने के लिए साफ़ कपडे पहनें और मैले कुचैले कपडे न पहनें । जोर-जोर से रोएं भी नहीं । विदेश में काले कोट पैंट और टाई का चलन है क्योंकि वहां सगे सम्बन्धी आखिरी विदाई अच्छे फॉर्मल तरीके से देना चाहते हैं । इसमें भी कोई बुराई नहीं है और यह भी एक अच्छा तरीका है ।

दाह स्थान पर पंहुच कर दाह संस्कार में ज्यादा समय नहीं लगाना चाहिए और जितना हो सके क्रम बद्ध तरीके से शव के चारों और खड़े रहें या उसके एक तरफ रहें । वहां घर की या और दूसरी बातें करने से ज्यादा अच्छा है कि शांत रहें।

दाह संस्कार कैसे करें ।

शमशान घाट में एक वेदशाला या विश्राम स्थल होता है । अर्थी या शव पालकी को विश्राम स्थल पर रखें और सभी शांति मन्त्र या संस्कार मंत्रों का उच्चारण इस पुस्तक से करें और चौथा पिंड दान वहीँ करें । दाह संस्कार विधुतीय शमशान घाट में या पारम्परिक शमशान घाट पर हो तो शुरुआत चौथे पिंडदान से होती है । जब शैय्या शमशान घाट में वेदशाला में रखी हो तो सर उत्तर की तरफ होना चाहिए । चौथा पिंडदान वहां वेदशाला में ही करें और पिंडदान उसी से करवाएं जिसने शैय्या को अग्नि देनी है । नग्न शव के दाह का निषेध है । यदि कोई फूल और चादर या शाल भेंट करना चाहता है वहीँ वेदशाला में ही कर देवे । हमारे शास्त्रों में नग्न शव के दाह का भी निषेध है ।

अध्याय-34

शव का वेदी से शैय्या पर स्थानांतरण ।

शमशान घाट की वेदी पर चौथे पिंडदान के समाप्त होने पर शव को और यदि शव पालकी है तो शव पालकी को काष्ठ की शैय्या पर स्थानांतरण करें । इसके लिए यदि शव अर्थी पर है तो अर्थी को काष्ठ की शैय्या के पास लेकर आएं और कुछ सम्बन्धी आदर से शव को अर्थी से उठा कर काष्ठ की शैय्या पर लिटा दें । काष्ठ की शैय्या इस तरह से तैयार हो कि शव का सिराहना तल से थोड़ा ऊँचा हो और पैर थोड़े नीचे हों और स्टेबल हों । यदि शव पालकी हो तो शव पालकी को शव समेत काष्ठ की शैय्या पर आदर से लिटा देवें और उसके कवर को खोल देवें । यदि अर्थी बांस की हो तो बांस की अर्थी को वहीं तोड़ देने का लोकाचार है ।

काष्ठ की शैया पर सिर किस तरफ हो ।

दाह संस्कार के समय शव का सिर दक्षिण की और होना चाहिए । मुँह पर से चादर थोड़ी हटा देवें और कम्बल या शाल जो शव के ऊपर थे उसे दान स्वरुप में दे देवें या बाद में किसी जरूरत मंद को देने के लिए रख लेवें । उस शाल या कम्बल को घर पहुँचने से पहले ही दान स्वरुप दे देने का विधान है ।

पांचवा पिंड दान ।

शव जब काष्ठ की शैय्या पर रखें तब पांचवां पिंड दान कर देवें ।

दाह के लिए अग्नि ।

दाह के लिए यदि संभव हो तो अग्नि घर से ही ले कर आवें या अग्नि प्रज्वलित करने के लिए माचिस घर से ले कर आवें ।

अध्याय-35

पांचवां पिंडदान यदि शमशान घाट विधुतीय है ।

यदि शमशान घाट विधुतीय है तो पांचवां पिंडदान शव को विधुत गृह में रख कर करें ।

देशाचार या लोकाचार की प्रमाणकिता ।

परास्कर गृहसूत्र के अनुसार यदि किसी शास्त्र की कोई स्पष्ट व्यवस्था उपलब्ध न हो तो देशाचार या लोकाचार अनुसार व्यवस्था कर लेनी चाहिए ।

काष्ठ की वेदी दाह संस्कार के लिए ।

काष्ठ की वेदी इस तरह तैयार करें कि दक्षिण दिशा थोड़ी ऊपर रहे और उत्तर दिशा थोड़ी नीचे रहे । इस काष्ठ की वेदी का परिमाण इतना होना चाहिए जितना कि पुरुष हाथ ऊपर उठा कर खड़ा हो । उस वेदी की चौड़ाई का परिमाण मृतक की चौड़ाई से तीन हाथ ज्यादा दोनों तरफ होना चाहिए । काष्ठ की वेदी की गहराई कम से कम दो फुट गहरी होनी चाहिए । लकड़ीयां एक एक करके बराबर जमा कर रखें और थोड़ी थोड़ी दूरी पर कपूर रखें ।

इस प्रकार काष्ठ की वेदी या शैय्या तैयार होने पर अर्थी की रस्सी काट देवें और बंधन काट देवें और मृतक के शव को वेदी पर रखें। शव या शव पालकी में रखे शव के ऊपर एक बित्ता भर लकड़ी रखें । जब तक यह प्रक्रिया हो तब तक एक मटकी या चूल्हे में अग्नि प्रज्जवलित कर लें ताकि यह प्रज्जवलित अग्नि दाह संस्कार में इस्तेमाल हो सके । अग्नि देने के लिए एक लम्बी लकड़ी से सूखी दूर्वा बाँध लें और अग्नि प्रज्ज्वलित करें ।

विधुतीय शमशानघाट और दाह संस्कार की वेदी ।

यदि शमशान घाट विधुतीय हो तो शव पालकी को विधुतीय गृह में रखें और फिर आदर से शव को या शव पालकी को उस पर लिटा देवें । विधुतीय शमशान घाट में शव के बंधन खोल कर और मुँह से थोड़ी चादर उठा कर स्वचालित शैय्या पर लिटा देवें । जब भी विधुतीय शमशान घाट का इस्तेमाल करें शव को शव पालकी में ही ले कर आएं ।

अध्याय-36

यदि काष्ठ की शव पालकी हो ।

यदि शव को शमशान घाट में बनी बनाई शव पालकी में ले कर आया गया है तो काष्ठ की वेदी पर शव को शव पालकी के साथ ही काष्ठ की शैय्या पर रखें । शव पालकी को काष्ठ की शैय्या पर रखने से पहले शव का यदि कोई बंधन बांध रखा है तो उसे खोल देवें । यदि कोई रस्सी या पट्टी या कोई अंगूठी हो तो उसको निकाल लेवें । शव पालकी को इस तरह से बनायें कि शव का सिर की तरफ का हिस्सा आसानी से नीचे किया जा सके । शव पालकी को काष्ठ की शैय्या पर रख कर सिर की तरफ वाला पल्ला खोल देवें । शव पालकी के ऊपर काष्ठ की लकड़ियां रखें । शव और शव पालकी के सिर के तरफ वाला हिस्सा थोड़ा सा तल के ऊपर रखें और पैर वाला हिस्सा तल से थोड़ा नीचे रखें ।

यदि विधुतीय शमशान घाट हो तो शव पालकी में शव के सारे बंधन खोल देवें और शव पालकी को विधुतीय शमशान घाट में शव समेत रखें ।

दाह संस्कार करने का अधिकारी कौन ?

दाह अग्नि देने का अधिकारी कौन है । पिता के लिए ज्येष्ठ पुत्र, ज्येष्ठ पुत्र न हो तो दूसरा पुत्र । पत्नी के लिए पति । अविवाहित पुत्री या अविवाहित पुत्र के लिए पिता अधिकारी है । लोकाचार या आपसी सहमति न होने पर या मृतक की अंतिम ईच्छा होने पर कन्या अग्नि देने की अधिकारी होती है। निस्संतान होने पर ज्येष्ठ उत्तराधिकारी अग्नि देने का अधिकारी होता है ।

अध्याय-37

पंचक दाह और पंचक शांति ।

पंचक दाह और पंचक शांति पर समाज में बहुत ही आडम्बर रचाये जाते हैं जबकि यह बहुत ही आसान सा लोकाचार है । इसको मैं बहुत ही आसानी से सबको बताना चाहूंगा ।

हमारे शास्त्रों में ज्यादातर व्यवस्थाएं चंद्र मास पर और नक्षत्रों पर आधारित हैं, इस लिए पंचक दाह और पंचक शांति भी नक्षत्रों और चंद्रमास पर ही आधारित है । हिन्दू कैलेंडर के अनुसार 27 नक्षत्र होते हैं और इन नक्षत्रों में से पांच नक्षत्र ऐसे होते हैं जिनमें मृतक की मृत्यु हुई हो या दाह संस्कार करें तो पंचक दाह करते हैं और इस में पंचक शांति का विधान है ।

पंचक नक्षत्र कौन कौन से हैं ?

1. घनिष्ठा नक्षत्र ।
2. शतभिषा नक्षत्र ।
3. पूर्व-भाद्रपद नक्षत्र ।
4. उत्तर-भाद्रपद नक्षत्र ।
5. रेवती नक्षत्र ।

पंचक का अर्थ ही पांच से निकला है । निर्णय सिंधु और धर्म सिंधु के आधार पर यह विशेष बात बताई गई है कि यदि मृत्यु पंचक नक्षत्र शुरू होने से पहले हो गयी हो और दाह संस्कार पंचक नक्षत्र के दौरान हो तो पांच घास के छोटे-छोटे पुतलों का मृतक के साथ दाह का विधान है । यदि मृत्यु पंचक नक्षत्रों में हुई हो और दाह संस्कार भी पंचक नक्षत्र में हो तो भी पांच घास के पुतलों का मृतक के साथ दाह का विधान है । पंचक शांति के लिए पांच भुंज्ञ के छोटे-छोटे पुतले शव के साथ चिता में जलाएं ।

पंचक पुतला दहन यदि अंत्येष्टी संस्कार विधुतीय शमशान घाट में हो ।

यदि पांच पुतले शव के साथ दहन विधुतीय शमशान घाट में करें तो छोटे-छोटे भुंज्ञ के पुतले बना कर शव पालकी के साथ विधुतीय वेदी में ही दाह संस्कार के लिए डालें ।

अध्याय-38

दाह संस्कार या मुखाग्नि से पहले के कृत्य या प्रार्थना ।

हिन्दू धर्म के संस्कारों का ह्रास इतना हो चुका है कि शमशान घाट में चांडाल के कहने पर बिना किसी प्रार्थना के मुखाग्नि शव को दे दी जाती है । अंत्येष्टि संस्कार में क्रव्याद अग्नि का मौन रूप से ही आधान करना होता है परन्तु अग्नि देने से पूर्व प्रार्थना अवश्य करें । प्रार्थना वेदशाला में या दाह स्थान पर अग्नि देने से पहले की जानी चाहिए । प्रयास करें कि प्रार्थना वेदशाला पर ही पूर्ण कर के शव पालकी या शव को दाह स्थान पर स्थानांतरित करें ।

प्रार्थना कौन करे

प्रार्थना या तो कोई पुरोहित करे या घर का कोई बड़ा व्यक्ति करे। प्रार्थना के समय प्रार्थना करने वाला व्यक्ति अपना सिर ढक लेवे । प्रार्थना से पूर्व सभी शोक संतप्त लोग शव की तरफ मुख कर के खड़े हो जाएँ और पुरोहित या वह व्यक्ति जो प्रार्थना करे वह सभी शोक संतप्त व्यक्तियों की तरफ मुख कर के खड़ा हो जाए ।

निम्नलिखित तीन प्रार्थनाएं दिवंगत आत्मा की शांति के लिए करें । जरूरी नहीं कि प्रार्थना याद करें पुस्तक में से पढ़ कर ही करें ।

प्रार्थना 1

हे अग्नि तुम सब पदार्थों में विद्यमान हो हम सब आप का आह्वान करते हैं और हे अग्नि आपका उग्र प्रभाव होवे । इस महान जीव (मृत व्यक्ति का नाम) -------------की देह को सम्यग प्रकार से जला दो और इस जीव (मृत व्यक्ति का नाम) ----------- -को पुण्य आत्माओं के लोक में जाने का और मोक्ष का आशीर्वाद देवें । यही हमारी प्रार्थना है ।

प्रार्थना 2

इस अविनाशी पुरुष की जीवन यात्रा का साधन भूत ही शरीर रुपी भाग है उसको सर्वत्र रहने वाली अग्नि तू अपने ताप से जला दे । हे अग्नि तू अपनी शोधक शक्ति से इस शरीर को दोष रहित कर दे । हे अग्नि तेरी दाहक शक्ति इस नश्वर शरीर को भस्मी भूत कर दे । हे सब कुछ जानने वाली जातवेद अग्नि तू अपनी सब तरफ से विस्तार करने वाली शक्ति से इस जीव को सत्कर्मियों के लोक ले कर चल और इसे मोक्ष प्रदान करा। यही हमारी प्रार्थना है ।

प्रार्थना 3

हे जीव तू अग्नि द्वारा अपने पितरों से संगती कर और हम प्रार्थना करते हैं कि तू परमात्मा में सदा युक्त रहे । हे जीव तू स्वार्थ और परमार्थ के समन्वित परम पद और सर्वोच्च स्थिति को प्राप्त करे । हे जीव तू अपने कर्मों का फल भोग कर यदि फिर आत्मा के आधारभूत हो कर मानव शरीर को प्राप्त करे तो उत्तम तेजस्वी होकर जगत कल्याण का साधन बने । यही हमारी प्रार्थना है ।

इन तीन प्रार्थनाओं के बाद सभी मिल कर निम्नलिखित मंत्रों का उच्च स्वर से उच्चारण करें:

1. ॐ अग्नये स्वाहाः

2. ॐ सोमाय स्वाहाः

3. ॐ लोकाय स्वाहाः

4. ॐ अनुमत्यै स्वाहाः

5. ॐ स्वर्गाय स्वाहाः

इस पांच मन्त्रों का उच्चारण करके शव पालकी या शव को मुखाग्नि प्रदान करें ।

अंत में अग्नि जब सब तरफ से सक्रिय होने लगे तो सभी निम्नलिखित शांति पाठ करें ।

ॐ द्यौः शान्तिरन्तरिक्ष शान्तिः, पृथ्वी शान्तिराप: शान्तिरोषधयः शान्तिः । वनस्पतयः शान्तिर्विश्वे देवाः

शान्तिर्ब्रह्म शान्तिः, सर्व शान्तिः, शान्तिरेव शान्तिः, सा मा शान्तिरेधि ॥

ॐ शान्तिः शान्तिः शान्तिः ॥

दीप दान

पारंपरिक श्रादध् परिवार में

पंच बलि

पिंड

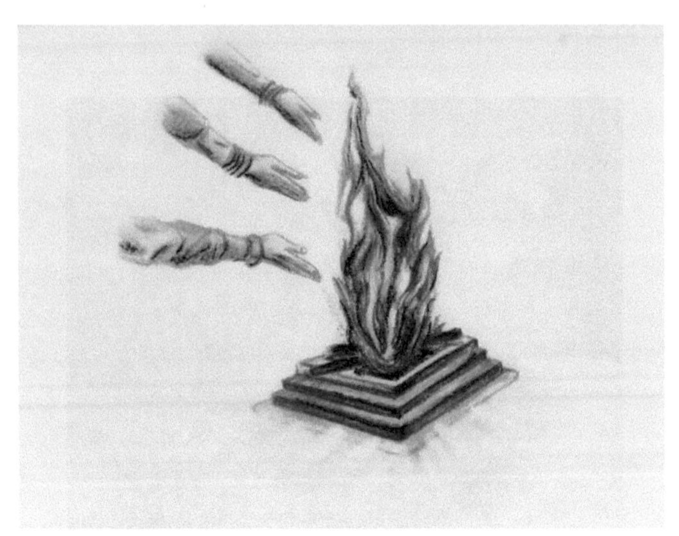

पितर् यज्ञ

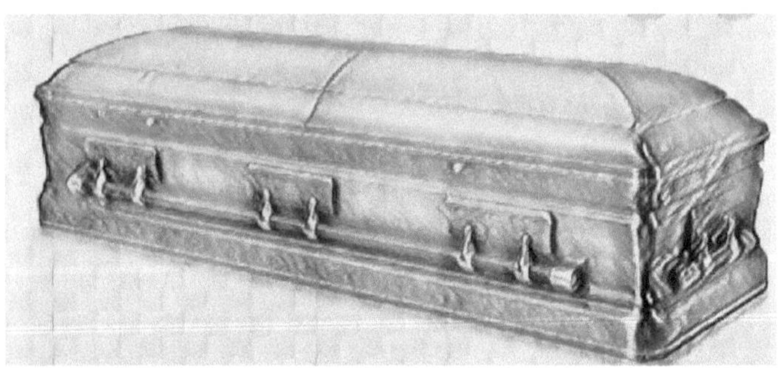

शव पालकी

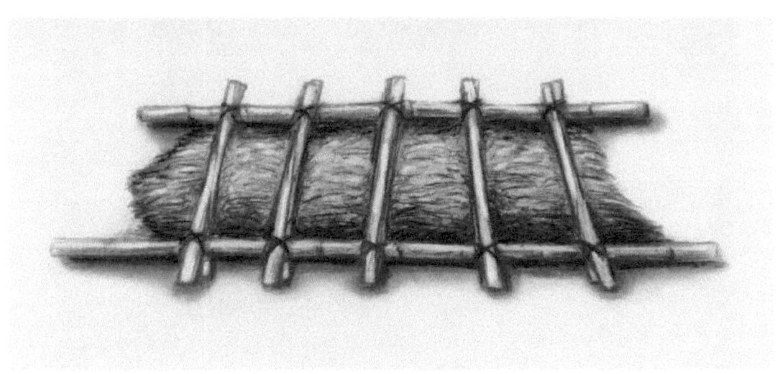

पारंपरिक अर्थी

आधुनिक श्राद्ध परिवार में

विधुतीय शमशान घाट

सैनिक कि शव यात्रा सम्मान के साथ

शव यात्रा शव पालकी के साथ

अध्याय-39

मुखाग्नि ।

चिता को अग्नि मुख की तरफ से देते हैं इसीलिये इसे मुखाग्नि कहते हैं । दाह संस्कार के समय अग्नि सर्वप्रथम सिर या मुख की और से देवें । सिर की और से अग्नि दे कर धीरे धीरे दाएं हाथ की और बढ़ते हुए अग्नि शव के चारों और देवें ।

कपाल क्रिया ।

दाह अग्नि देने के बाद शव के आधे या पुरे जल जाने के पश्चात् किसी लम्बे डंडे से सिर का या कपाल का भेदन करना चाहिए । कपाल की चोरी होने का भय या किसी तांत्रिक या पशु द्वारा कपाल के जल जाने से पहले उठा कर ले जाने के भय के कारण ही शायद कपाल क्रिया का शास्त्रों में विधान रखा गया होगा ।

कपाल क्रिया बांस की लम्बी लकड़ी से किया जाना चाहिए । किसी भी मृत्यु में शास्त्र अनुसार कपाल क्रिया से पहले रोने की मनाही है । यदि दुःख न सम्भले तो कपाल क्रिया के बाद रोया जा सकता है ।

इलेक्ट्रिक क्रेमाटोरियम में कपाल क्रिया की आवश्यकता नहीं होती क्योंकि कपाल के चोरी होने या किसी व्यक्ति या पशु द्वारा कपाल जलने से पहले उठा कर ले जाने का डर नहीं होता ।

शव की प्रदक्षिणा ।

कपाल क्रिया के अनन्तर दाहकर्ता समिधा ले कर चिता की प्रदक्षिणा करें और प्रदक्षिणा के पश्चात् समिधा चिता में डाल देवें ।

अध्याय-40

अस्थि संच्चयन ।

अस्थि संच्चयन प्रायः दाह संस्कार के दिन के तीसरे दिन किया जाता है । छठा पिंड दान भी अस्थि संच्चयन के समय ही किया जाता है । अस्थि संचयन का समय और दिन दाह संस्कार के दिन ही सम्बन्धियों को बता दिया जाता है । अस्थि संच्चयन पर जाने से पहले निकट सम्बन्धी एक लीटर दूध, एक बाल्टी, लोटा, केले के पत्ते, एक सूती बैग, और दान देने के लिए पिंड और जो भी दान प्रक्रिया लोकाचार से करना चाहें वह साधन सम्बन्धी साथ ले कर जावें ।

उस वेदी पर जहाँ दाह संस्कार किया था गरम भस्म होगी । इस भस्म को शांत करने के लिए बाल्टी में पानी लेकर उसमे दूध मिला लेवें और इस पवित्र लस्सी से गर्म भस्म को शांत करें। अस्थि संच्चयन कर के एक साफ़ कपड़े या पोटली में रखें और बची हुई भस्म को एक जूट या सूती बैग में डाल लेवें।

अस्थियां जिस पोटली या बैग में ईकट्ठा करें उसको जमीन पर न रखें । इकट्ठी हुई भस्म को एकत्रित कर के किसी नदी या खेत में प्रवाहित कर देवें । अस्थियों को परिवार में प्रचलित

लोकाचार का पालन करते हुए गंगा नदी या प्रयाग राज या किसी पास की नदी में प्रवाहित कर दें ।

अस्थि संच्चयन करते समय उचित पिंडदान करें या कोई अन्य दान भी करना चाहें तो जरूर करें । अस्थि संच्चयन के समय निम्नलिखित मन्त्रों का उच्चारण करें ।

1. ॐ आग्नेय नमः ।

2. ॐ सोमाय नमः ।

3. ॐ अनुमतये नमः ।

4. ॐ स्वर्गाय नमः ।

अस्थि संच्चयन यदि विधुतीय क्रेमाटोरियम में हो तो ।

यदि विधुयतिय क्रेमाटोरियम हो तो अस्थियां उसी दिन या दुसरे दिन भी संच्चयन कर सकते हैं । यदि विधुतीय क्रेमाटोरियम हो तो पिंड दान करके क्रेमाटोरियम से भस्म को किसी सूती बैग में डाल लेवें । अस्थि संच्चयन के समय निम्नलिखित मन्त्रों का उच्चारण करें ।

1. ॐ आग्नेय नमः ।

2. ॐ सोमाय नमः।

3. ॐ अनुमतये नमः ।

4. ॐ स्वर्गाय नमः।

अस्थियां जिस पोटली या बैग में ईकट्ठा करें उसको जमीन पर न रखें । इकट्ठी हुई भस्म को एकत्रित कर के किसी नदी या खेत में प्रवाहित कर देवें । अस्थियों को परिवार में प्रचलित

लोकाचार को पालन करते हुए गंगा नदी या प्रयाग राज या किसी पास की नदी या खेत में प्रवाहित कर दें ।

अध्याय-41

शमशान घाट छोड़ने से पहले के कृत्य शमशान घाट छोड़ने से पहले अपना मुख धो लेवें और दूर्वा ले कर बैठ कर दूर्वा अपने ऊपर से पीछे की और फेंक देवें । उसके पश्चात् वहीं पुरोहित अस्थि संच्चयन की तारीख और समय निर्धारित करके सब को बता दें । हो सके तो शांति पाठ की तिथि, समय, और जगह भी सभी को उसी समय बता देवें ।

दाह संस्कार के अनन्तर गृह प्रवेश के पूर्व के कृत्य

बच्चों को आगे करके सभी शव यात्री घर की और या अपने यहां की और बढ़ें । पीछे मुड़ कर न देखें । घर के दरवाजे पर आने पर थोड़ा रुक जाएँ और पानी के छीटें डालें और पानी से आचमन करें । फिर घर के दरवाजे पर रखे पत्थर पर पैर रख कर अंदर प्रवेश करें । घर के अंदर जा कर कुछ देर शांत मन से बैठें और मृत आत्मा की शांति की कामना करें । उस दिन खरीदकर या अपने सम्बन्धी से प्राप्त भोजन करें और अलग अलग बिछौने पर शयन करें ।

अध्याय-42

अस्थि संच्चयन से घर वापसी ।

अस्थि संच्चयन से वापिस आने पर जब सभी परिवार जन वस्त्र -प्रक्षालन व् स्नान कर के लोट जाएँ उसके पश्चात् जिस घर में मृत्यु हुई हो उस घर का मार्जन, प्रक्षालन आदि से शुद्धि करें और शांति पाठ करें । अग्नि में हवन सामग्री या गूगल जलाएं जिससे वायु शुद्ध हो और शान्ति पाठ करें ।

।। शान्ति पाठ ।।

ॐ द्यौ शान्तिरन्तरिक्ष: शान्ति: पृथ्वी

शान्तिराप: शान्ति: रोषधय: शान्ति: ।

वनस्पतय: शान्तिर्विश्वे देवा:

शान्तिब्रह्मा शान्ति: सर्व: शान्ति:

शान्तिरेव शान्ति: सा मा शान्तिरेधि।।

ॐ शान्ति: शान्ति: शान्ति: ॐ

अध्याय-43

अशौच ।

दाह संस्कार से ले कर अगले दस दिन तक या शांति पाठ तक अशौच रहता है । इसलिए अगले दस दिन तक या शांति पाठ तक अशौच के नियम पालन करने चाहिए । आज कल बहुत व्यस्तता के कारण चौथे दिन ही शांति पाठ करने का लोकाचार हो गया है इस स्थिति में अशौच के नियम फिर भी दस दिन तक पालन किये जाएँ ।

दाहकर्ता और कुटुम्बियों के लिए अशौच के नियम ।

1. दाह संस्कार से आने के बाद स्नान करें ।

2. प्रथम दिन खरीदकर या किसी निकट सम्बन्धी से भोजन सामग्री प्राप्त करके कुटुंब सहित भोजन करें ।

3. घर में अशौच के दौरान ब्रह्मचर्य के नियम पालन करें।

4. खाना सूर्यास्त से पहले समाप्त कर लेवें ।

5. हर रोज खाना खाने से पहले कोई दान करें ।

6. प्रति दिन स्नान करें ।

7. मांसाहारी भोजन न करें ।

8.   तिल आदि तेल की मालिश न करें ।

9.   अशौच तक मंदिर की मूर्ति को स्पर्श न करें ।

10. अशौच रहने तक उपवास या व्रत न करें ।

11. किसी के पैर न छुएं या आशीर्वाद न लेवें ।

12. अशौच में शुभ होम, पितृ तर्पण या व्रत नहीं करना चाहिए।

ॐ गणेशाय: नमः ।

अध्याय-44

अशौच की व्यवस्था ।

अशौच की गणना मृत्यु वाले दिन से ही करनी चाहिए और इस व्यवस्था के अनुसार दशगात्र के पिंडदान (दस पिंड दान) या दस पिंडदान के बराबर का दान की भी व्यवस्था समझनी चाहिए ।

मुंडन का विधान।

लोकाचार के अनुसार मृत्यु से अगले दिन ही दाह संस्कार का अधिकारी या क्रिया कर्ता मुंडन करवा लेता है । मृत्यु से दसवें दिन भी दाहकर्ता के मुंडन का शास्त्र के अनुसार विधान है । यदि पहले दिन दाह कर्ता या क्रिया कर्ता ने मुंडन करा लिए हों तो उसे दसवें दिन भी मुंडन करा लेने चाहिए । लेकिन आधुनिक काल में इस विधान में भी लोकाचार के अनुसार बदलाव आ गया है जो की शास्त्रों को भी मान्य है ।

अशौच की अवधि की समाप्ति ।

दशगात्र (दस पिंड दान) एक तरह का अमन्त्रक श्राद्ध ही है। दशगात्र तक मंत्रक श्राद्ध नहीं करने का विधान है । एकादश

से मंत्रक श्राद्ध कर सकते हैं । एकदशाह से अशौच की अवधि समाप्त हो जाती है ।

रात्रि में मरण होने पर अशौच की गिनती ।

रात्रि में मरण होने पर अशौच काल की और दूसरी व्यवस्थाएं रात्रि से पूर्व दिन को ही पहला दिन मान कर अशौच मानना चाहिए । दूसरी व्यवस्थाओं की गिनती भी इसी तरह से ही करनी चाहिए ।

अध्याय-45

मृत्यु से दस दिन तक दीप दान और दीपक की दिशा ।

दिवंगत आत्मा के कल्याण के लिए दक्षिणाभिमुख तेल का दीपक सुबह शाम जलाएं । यदि दीपक जलाने में कोई बाधा हो तो हर रोज धूप अगरबत्ती जलाएं ।

रात्रि में मृत्यु होने पर अशौच काल की व्यवस्था ।

रात्रि में मरण होने पर अशौच दिन की गणना कब से होगी इस में भी कई मत हैं । जो मत सब से ज्यादा ग्राह्य है वह यह है कि रात्रि में अर्थात सूर्योदय से पूर्व मृत्यु होने पर रात्रि के पूर्व काल के दिन को ही प्रथम दिन मान कर अशौच की गणना करनी चाहिए ।

मासिक आदि श्राद्धों में तिथि ग्रहण की व्यवस्था ।
चंद्रमास मानने वालों के लिए ।

जिस पक्ष, मास तथा तिथि को जिसका मरण होता है उसी पक्ष तथा उस तिथि (चंद्रमास) को क्षय तिथि माना जायेगा । मृत्यु में लोकाचार से चंद्रमास तात्कालिक तिथि का ही ग्रहण होता है ।

सौर वर्ष और सौर मास मानने वालों के लिए ।

जिस मास तथा तिथि को जिसका मरण होता है उसी तिथि (सौरमास) को श्राद्धों के लिए क्षय तिथि माना जायेगा ।

अध्याय-46

दशगात्र ।

देशाचार या लोकाचार के अनुसार मृत्यु से तीसरे दिन से दस पिंड दान या पिंड के बराबर का द्रव्य दान प्रारम्भ करते हैं जिसमें पहले और दुसरे दिन के पिंड मिला कर तीसरे दिन तीनों पिंडों को इकट्ठा दान किया जाता है । उसके पश्चात् चौथे दिन से दस दिन तक एक-एक पिंड दान किया जाता है । इसी को दशगात्र की संज्ञा दी गयी है ।

जो लोग प्रतिदिन पिंडदान न कर सकें वह दसवें दिन एक साथ दस पिंडदान भी कर सकते हैं । ऐसा माना गया है कि मृत्यु से अगले दस दिन में नए शरीर की पूर्णता तथा तृप्तता होती है । इसीलिए दिवंगत शरीर के लिए दिए गए दशगात्र में दस पिंडदान नए पूर्ण और स्वस्थ शरीर के लिए पूर्णता की प्रार्थना और चिन्ह है।

प्रथम पिंड या दान से सिर, द्वितीय से कर्ण, नेत्र और नासिका, तीसरे से गला, स्कन्द व् भुजा तथा वक्षस्थल, चतुर्थ पिंड दान से नाभि, लिंग अथवा योनि की स्वस्थता, पंचम पिंड से जानू जंघा तथा पैर, छठे पिंड से सभी मर्म स्थान, सप्तम पिंड से सभी नाड़ियां, अष्टम पिंड से दांत, लोम आदि, नवम पिंड से

वीर्य अथवा रज. और दशम पिंड से नए शरीर की पूर्णता की कामना होती है ।

अध्याय-47

पिंडदान का द्रव्य ।

शास्त्रों में बताया गया है कि गेहूं या जौ के आटे से निर्मित पदार्थ, खीर, फल, तिल या गुड़ के किसी पदार्थ से बना पिंड दान करें या उसके बराबर या ज्यादा का द्रव्य दान करें । पिंड क्या है ? पिंड शरीर या देह के पांच भूत या पांच तत्वों का प्रतीक है जो कोई भी आकार आसानी से ले सकता है । पिंड सेब के आकार का जौ का या जौ के आटे और तिल और दूसरे पदार्थों का मिश्रण है जो की गीले गूंथे हुए आटे जैसा गोल होता है । पिंड दान का उद्देश्य इस बात की कामना है कि दिवंगत आत्मा को मोक्ष प्राप्त हो और नव निर्मित शरीर स्वस्थ, सुखी और पूर्ण होवे ।

समय के साथ लोकाचार से पिंड दान का स्वरुप भी बदल गया है । आधुनिक काल में पिंड दान जौ के आटे, तिल और दूसरे पदार्थों का बना हो तो किसी गाय को प्यार से खिलाएं । पिंड दान आटे के बदले आज कल कुछ रूपए या कुछ अन्न की पोटली में दान भी पिंड दान कहलाता है और यह शास्त्रों में भी ग्राहा है ।

अध्याय-48

शैय्या दान ।

मृत प्राणी निमित्त एकादशाह (मृत्यु से गियाहरवें दिन) और द्वादशाह (मृत्यु से बाहरवें दिन) दोनों दिन शैय्या दान का विधान है।

शैय्या दान क्या है और कैसे करें।

लोकाचार में काफी समय से शैय्या दान का स्वरुप एक जैसा रहा है लेकिन समय के साथ इस का स्वरुप भी आधुनिक काल के अनुसार बदल गया है ।

एकादशाह को शैय्या दान का पुरातन स्वरुप ।

एकादशाह के दिन उत्तर की और सिराहना करके चारपाई या शैय्या बिछाएं । शैय्या के नीचे धातु या मिटटी से बना घृत पात्र, कुमकुम पात्र, गेहूं का पात्र, तथा जल का पात्र रखें । शैय्या पर गद्दा बिछा कर सफ़ेद चद्दर और कोमल तकिया बिछा देवें । जो वस्तु मृत प्राणी को प्रिय थी वह वस्तुयें भी यदि दान करनी हैं तो वह भी शैय्या के पास रख दें । शैय्या के ऊपर फल, फूल, माला, पुस्तक, जपमाला, और भोजन पात्र रख देवें। मृत प्राणी की तस्वीर भी शैय्या पर रख देवें । शैय्या की

सपरिवार प्रदक्षिणा कर के किसी उचित व्यक्ति को या जरूरत मंद व्यक्ति को दान कर देवें । एकादशाह को दी जाने वाली शैय्या को आत्म शैय्या कहा जाता है ।

इसी तरह कुछ लोकाचारों में द्वादशाह को भी शैय्या दान का विधान है । यह शैय्या पितृ यज्ञ के निमित्त होती है ।

एकादशाह को शैय्या दान का आधुनिक स्वरुप

आधुनिकी करण के कारण शैय्या या चारपाई का चलन समाप्त हो गया है और चारपाई को लाने ले जाने में भी काफी दिक्कत का सामना भी करना पड़ता है । इसलिए शैय्या दान में चारपाई न होकर, एकादशाह के दिन उत्तर की और सिराहना कर के एक कम्बल या रजाई जमीन पर बिछा दें और उस पर एक सफ़ेद चादर बिछाकर एक कोमल सिरहाना रख देवें । शैय्या के पास धातु या मिटटी से बना घृत पात्र , कुमकुम पात्र , गेहूं का पात्र, तथा जल का पात्र रखें । जो वास्तु मृत प्राणी को प्रिय थी वह वस्तुएं भी यदि दान करनी हैं तो वह भी शैय्या के पास रख दें । शैय्या के ऊपर फल फूल, माला, पुस्तक, रामायण या गीता, जपमाला, और भोजन पात्र रख देवें । मृत प्राणी की तस्वीर भी शैय्या पर रख देवें। इस तरह तैय्यार की हुई शैय्या की सपरिवार प्रदक्षिणा कर के किसी उचित व्यक्ति को या जरूरत मंद व्यक्ति को दान कर देवें। मृत प्राणी की तस्वीर और जपमाला अपने पास रख लेवें।

अध्याय-49

द्वादशाह में शैय्या दान ।

द्वादशाह में दी जाने वाली शैय्या दान भी एकादशाह में दी जाने वाली शैय्या दान की तरह उपकरणों से सुसज्जित होती है । किन्तु उसमें मृत प्राणी की तस्वीर की जगह लक्ष्मी नारायण की तस्वीर या प्रतिमा शैय्या पर स्थापित की जाती है । और इस शैय्या का सिरहाना दक्षिण की तरफ होता है । दान लेने पर दान लेने वाला **स्वस्ति** का उच्चारण करे । वायु की देवी **"स्वस्ति"** सम्पूर्ण विश्व में पूजित है । प्रतिग्रहिता विशिष्ट व्यक्ति द्वारा दान लेने के अनन्तर **"स्वस्ति"** शब्द कहे जिस से यह दान फलीभूत होता है । द्वादशाह में दी जाने वाली शैय्या दान सपिंडीकरण श्राध्द के बाद दान दी जाती है ।

शैय्या की प्रदक्षिणा में मन्त्र उच्चारण ।

एकादशाह और द्वादशाह को शैय्या दान करने पर " **प्रमाणये देव्यै नम::**" इस मंत्र का उच्चारण करते हुए शैय्या की प्रदक्षिणा करें या मृत प्राणी की सबसे ज्यादा चाहने वाले मन्त्र या गायत्री मन्त्र का उच्चारण करते हुए शैय्या की प्रदक्षिणा करें ।

शैय्या दान का प्रयोजन और उसका फल

शैय्या दान से मृत व्यक्ति की आत्मा को प्रलय प्रयन्त सुख मिलता है और दान देने वालों का भी अभ्युदय होता है । जो यजमान उचित व्यक्ति को शैय्या दान करता है वह अपने भाग्योदय का रास्ता भी खोल देता है और पितृ ऋण से मुक्त हो जाता है ।

अध्याय-50

मलिन, मध्यम और उत्तम षोडशी ।

कुछ राज्यों और परिवारों में मलिन षोडशी, मध्यम षोडशी और उत्तम षोडशी करने का विधान है । जो कि दशगात्र, एकादशाह और द्वादशाह का ही स्वरुप है ।

मलिन षोडशी क्या है ।

मृत्यु स्थान पर शव यात्रा से लेकर अस्थि संच्चयन तक छः पिंडदान और दसवें दिन तक 10 और पिंड दान यानि दशगात्र, कुल सोलह पिंड दान मलिन षोडशी शांति कहलाता है । अशौच काल का यह पिंडदान मलिन षोड़शी कहलाता है।

मध्यम षोडशी ।

मलिन षोडशी के 16 पिंडदान पुरे होने पर और गियाहरवें दिन सुबह फिर कुल सोलह पिंडदान यानि 15 देवताओं को लेकर और एक तत्पुरुष को लेकर किया हुए पिंड दान मध्यम षोडशी शांति कहलाता है । मध्यम षोड़शी में भी सोलह पिंडदान होंगे, पंद्रह देवताओं के लिए और सोहलवां एक पिण्ड स्वछन्द आत्मा के लिए तत्पुरुष के निमित्त होगा ।

गियाहरवें दिन के पिंडदान के क्रम 16 ।

1. पहला पिंड भगवान विष्णु के लिए ।-
2. दूसरा पिंडभगवान शिव के लिए- ।
3. तीसरा पिंड यमराज के लिए- ।
4. चौथा पिंड सोमराज के लिए।- ।
5. पांचवां पिंड हव्यवाह के लिए- ।
6. छठा पिंड कव्यवाह के लिए - ।
7. सातवां पिंड काल के लिए- ।
8. आठवां पिंड रूद्र के लिए - ।
9. नौवां पिंड रूद्र के लिए - ।
10. दसवां पिंड आत्मा के लिए - ।
11. गियाहरवां पिंड विष्णु के लिए - ।
12. बाहरवां पिंड ब्रह्मा के लिए - ।
13. तेहरवां पिंड विष्णु के लिए - ।
14. चौदहवाँ पिंड शिव के - लिए ।
15. पन्द्रहवां पिंड यम के लिए - ।
16. सोलहवां पिंड तत्पुरुष के लिए । -

गोदान, वृषोत्सर्ग, नारायणबलि गियाहरवें दिन ही करें ।

उत्तम षोडशी ।

कुछ लोकाचारों में गियाहरवें दिन सुबह की तरह गियाहरवें दिन शाम को उत्तम षोडशी शांति का विधान है जिसमें प्रथम मासिक से लेकर उनाब्दिक (द्वादश मासिक) क्रम तक सोलह श्राध्दों के निमित्त शांति का विधान है । इसे उत्तम षोडशी शांति कहते हैं । समय के अभाव में यदि एकादशाह के दिन उत्तम षोड़शी सम्भव न हो तो द्वादशाह के दिन सपिण्डीकरण श्राध्द से पहले उत्तम षोड़शी शान्ति करा लेनी चाहिए । तेहरवें दिन फिर शान्ति पाठ का विधान है ।

अध्याय-51

गोदान, वृषोत्सर्ग और नारायणबलि ।

दुर्घटना से या शस्त्र से या आत्महत्या से मृत्यु (दुर्मरण) पर नारायण बलि या गोदान का चलन है ।

शस्त्रघात से जिनकी मृत्यु हुई हो या आत्महत्या से या किसी भी अकस्मात् दुर्घटना से मृत्यु हुई हो तो इन व्यक्तियों के मरण को दुर्मरण कहा जाता है । ऐसी मृत्यु में आत्मा की शांति के लिए गोदान या नारायणबलि करा लेनी चाहिए । नारायण बलि बहुत ही जटिल और लम्बी व्यवस्था है जिसको आधुनिक काल में करना बहुत ही कठिन है इसलिए गोदान ही ज्यादा प्रचलित है और स्वयं कर सकते हैं । कई घरों में सामान्य मृत्यु पर भी लोकाचार के अनुसार एकादशाह के दिन गोदान का प्रचलन है । यदि कोई परिवार मृतक की शांति के लिए गोदान करना चाहे तो मिटटी की या चांदी की या सोने की छोटी से गाय बनाकर और गौरी गणेश को नमस्कार कर के गोदान दे सकता है, लेकिन अनिवार्य नहीं है।

गोदान स्वयं कैसे करें ।

यदि घर में किसी का दुर्मरण हो जाये तो एकादशाह के ही दिन नारायणबलि या गोदान की व्यवस्था है । शास्त्रों में दुर्मरण के निम्नलिखित कारण परिभाषित किये गए हैं । आत्महत्या, अग्नि से जलने से, जल में डूबने से, पशु अथवा किसी जानवर द्वारा मरण ही दुर्मरण कहलाता है । मृत्यु से गियाहरवें दिन नारायणबलि या गोदान की व्यवस्था का दुर्मरण में विधान है । शास्त्रों के अनुसार दुर्मरण में मरने वाले की सद्गति के लिए गोदान की व्यवस्था गियाहरवें दिन की जाती है । एकादशाह के अवसर पर शैय्या दान के समय गोदान भी कर देवें ।

एकादशाह को पुत्र व पुत्री द्वारा मिटटी अथवा कुश अथवा चांदी या सोने की वृषाकृति बना कर दान देने का विधान है । पति से पूर्व मृत्यु को प्राप्त होने वाली स्त्री के लिए वृषोत्सर्ग के बदले मिटटी या कुश या चांदी या सोने की गाय बना कर दान करने का लोकाचार है लेकिन अनिवार्य नहीं है ।

अध्याय-52

हिन्दू अंतिम संस्कार में तेरह दिन का शोक क्यों ?

सनातन धर्म में ऐसा विश्वास है कि आत्मा मृत्यु से अगले तेरह दिन तक अपनी पुरानी देह से रिश्ता पूरी तरह नहीं तोड़ पाती है । ऐसा माना गया है कि देहि (आत्मा) अगले तेरह दिन तक दूसरी देह की खोज में आस पास ही रहती है, इसी लिए दशगात्र, मलिन षोडशी, मध्यम षोडशी और उत्तम षोडशी और तेहरवें दिन शांति पाठ का विधान है ।

चौथा, चौथे दिन का उठाला कहाँ से आया ।

समय की कमी के कारण और सम्बन्धियों के दूर से आने के कारण चौथे दिन उठाला करने का प्रचलन लोकाचार हो गया है । सभी सम्बन्धियों के साथ चौथे दिन शांति पाठ किसी मंदिर या पूजा के स्थान पर किया जाता है जहाँ सभी जानने वाले अपनी-अपनी श्रद्धांजलि देने आते हैं । अस्थि विसर्जन चौथे दिन के बाद भी की जा सकती है और घर परिवार सभी दशगात्र, मलिन षोडशी, उत्तम षोडशी, और तेहरवें दिन शांति पाठ खुद घर में ही कर लेते हैं । शास्त्रों के अनुसार और आधुनिक काल में लोकाचार के चलते यह भी मान्य है । हमारे शास्त्रों में यह कहा गया है कि संस्कारों का स्वरुप देश,पात्र

और काल के अनुसार थोड़ा- थोड़ा शास्त्र सम्मत यदि बदला जाये तो उसमे कोई हानि नहीं है ।

अध्याय-52

सर्पिंडीकरण और मंत्रक श्राद्ध ।

दशगात्र की समाप्ति पर सर्पिंडीकरण और मंत्रक श्राद्ध आरम्भ हो जाते हैं । दशगात्र तक शांति पूजा या श्राद्ध अमन्तक होता है । एकादशाह, द्वादशाह, और तेहरवें दिन मंत्रक श्राद्ध, शांति या अर्चना की जाती है । तेहरवें दिन के पश्चात् पहला श्राद्ध मृत्यु की तिथि से गियारह महीने पूर्ण होने पर और एक वर्ष से पहले आता है जिसे उन्वार्षिक श्राद्ध कहते हैं ।

उन्वार्षिक श्राद्ध ।

मृत्यु की तिथि के गियारह महीने पूर्ण होने पर और एक वर्ष से पहले

मृत्यु की तिथि के गियारह महीने पूर्ण होने पर और मृत्यु के एक वर्ष पूरे होने से पहले उन्वार्षिक श्राद्ध की व्यवस्था की जाती है । गियारह महीने सूर्यमास या चंद्रमास की तिथि से गिने जाते हैं । सनातन धर्म में चंद्रमास और चंद्रवर्ष का ज्यादा चलन था इसलिए ज्यादातर लोग चंद्रमास की तिथि के हिसाब से गियारह मास की गिनती करते हैं । लेकिन चद्रमास और

चंद्र वर्ष से ज्यादा सूर्य मास (इंग्लिश केलिन्डर) समय गणना के लिए आघुनिक व सटीक है ।

क्या सूर्य वर्ष के हिसाब से इंग्लिश कैलेन्डर तिथि से उन्वार्षिक श्राद्ध के लिए गणना कर सकते हैं ।

आधुनिक समय में सभी सूर्य वर्ष और इंग्लिश कैलेन्डर को मानते हैं और यह कैलेन्डर ज्यादा सटीक भी है इसलिए सूर्य वर्ष और इंग्लिश कैलेन्डर के हिसाब से उन्वार्षिक श्राद्ध की तिथि गिनना आधुनिक काल में ज्यादा ठीक रहेगा ।

अध्याय-53

श्राद्ध की सरलता और सम्पन्नता ।

श्राद्ध की विधि ।

विभिन्न पुराणों में श्राद्ध करने के विभिन्न स्वरुप बताये गए हैं जो कि आधुनिक काल में समय और धन की कमी के कारण प्रायः अप्रासंगिक से हो गए हैं । हमारे पुरोहित इन श्राद्ध के कार्यों को समय, देश, काल के अनुरूप इनमें परिवर्तन नहीं कर पाए हैं । हमारे पुराणों में श्राद्ध करने का बहुत आसान तरीका भी दिया है लेकिन कई सैंकड़ों सालों में इसमें जटिलता और त्रुटियां विभिन्न कारणों से समावेश होती गई हैं जिसके कारण आज यह सामान्य समाज की समझ से बाहर हो गया है । समय और धन की परिस्थिति सबकी एक जैसी नहीं रहती है । कभी समय का और कभी धन का अभाव रहता है । ऐसी परिस्थिति में भी हमारे शास्त्रों ने कुछ निम्नलिखित श्राध्द की व्यवस्थाएं की हैं ।

1. यदि धन प्रचुर मात्रा में है तो द्रव्य धन, अन्न, वस्त्र और कम्बल दान करने से और अतिथियों को भोजन कराने से श्राद्ध पूर्ण होता है ।

2. यदि अन्न, वस्त्र के लिए धन न हो तो शाक सब्जी दान दे देने से श्राद्ध पूर्ण होता है ।

3. यदि धन कि बहुत कमी हो तो शास्त्रों में बताया गया है कि पूर्वजों को याद कर के गाय को घास काट कर खिला देने से श्राद्ध पूर्ण होता है । ऐसी व्यवस्था पद्म पुराण में दर्शायी गयी है ।

4. यदि ऐसी परिस्थिति आ जाये कि घास का भी मिलना मुश्किल हो तो तब श्राद्ध कर्ता एकांत स्थान में बैठ कर दोनों भुजाओं को उठा कर अपने पितरों को याद करके उनको नमस्कार करे के कहें कि मैं आपको अपनी श्रद्धा और भक्ति से तृप्त करना चाहता हूँ आप तृप्त हो जाएँ । मैं दोनों भुजाएं शास्त्र अनुसार ऊपर उठा रहा हूँ और आप को स्मरण कर रहा हूं और प्रार्थना कर रहा हूं कि आप को मोक्ष मिले ।

अध्याय-54

अन्य श्राद्ध के प्रकार ।

उन्वार्षिक श्राद्ध के बाद जो कि वर्ष पूर्ण होने से पहले गियाहरवें महीने किया जाता है, श्रद्धा अनुसार विभिन्न विभिन्न समय पर हिन्दू धर्म में श्राद्ध की व्यवस्था है । श्राद्ध अपने पितरों के प्रति धन्यवाद, उनकी आत्मा की शांति के लिए प्रार्थना और प्रेम के भाव के साथ-साथ उनकी विशेषताओं को याद करने का एक अवसर प्रदान करता है ।

हिन्दू शास्त्रों अनुसार श्राद्ध के विभिन्न प्रकार ।

शास्त्रों में श्राद्ध के अनेक प्रकार बताये गए हैं किन्तु हम केवल उन श्राद्धों का वर्णन करेंगे जो अत्यंत प्रचलित हैं । यमस्मृति में पांच प्रकार के श्राद्ध बताये गए हैं ।

1. नित्य श्राद्ध ।

2. नैमेत्तिक श्राद्ध या एकोदिष्ट श्राद्ध ।

3. काम्य श्राद्ध ।

4. वृद्धि श्राद्ध ।

5. पार्वण श्राद्ध ।

1. नित्य श्राद्ध ।

इस श्राद्ध में अपने पितरों को याद करके केवल जल चढ़ाया जाता है और जल प्रदान से ही श्राद्ध की पूर्ति हो जाती है । जल चढ़ा कर उन पितरों के गुणों को याद करके, उनके प्रति प्रार्थना करके आने वाली पीढ़ी को भी उनके गुणों विशेष के बारे में बताया जाता है ।

2. काम्य श्राद्ध ।

किसी कामना की पूर्ति के लिए पितरों के प्रति किये जाने वाली पूजा और प्रार्थना को ही काम्य श्राद्ध कहते हैं ।

3. वृद्धि श्राद्ध ।

परिवार की वृद्धि या वृद्धि काल या वैवाहिक काल में या मांगलीक कार्य से पहले जो पितरों के प्रति पूजा, प्रार्थना या कड़ाही चढ़ाई जाती है या याद किया जाता है उसे ही वृद्धि श्राद्ध कहते हैं । इसे नान्दी श्राद्ध भी कहते हैं ।

4. एकोदिष्ट या नैमेत्तिक श्राद्ध ।

वार्षिक चंद्रमास या सूर्यमास के हिसाब से क्षय तिथि के दिन किसी एक पितृ के प्रति किये जाने वाली पूजा अर्चना या श्राद्ध को ही एकोदिष्ट श्राद्ध कहते हैं ।

5. पार्वण श्राद्ध ।

यह श्राद्ध हमारे सैंकडो सालों से चली आ रही परम्परा है जो कि चंद्र मास पर आधारित है । यह हिन्दू समाज में पितरों के प्रति श्रद्धा की एक बहुत महत्वपूर्ण कड़ी है । पितृपक्ष में किये

जाने वाले श्राद्ध या पितरों के प्रति किये जाने वाले दान या पूजा या श्राद्ध को ही पार्वण श्राद्ध कहा जाता है ।

भाद्रपद मास की पूर्णिमा से लेकर आश्विन मास की अमावस्या तक पितृपक्ष होता है । जिस चंद्रमास की तिथि को मृतक की मृत्यु हुई हो उसी तिथि को ही उस पूर्वज का श्राद्ध किया जाता है । उदहारण के रूप में यदि किसी पितृ का क्षय तृतीय तिथि (किसी भी पक्ष में) को हुआ है तो उसका श्राद्ध भी आश्विन मास की तृतीय तिथि को ही किया जाता है । सनातन धर्म में पार्वण श्राद्ध बहुत महत्वपूर्ण है । इसके लिए तिथि का पता हमें पंचांग से मिलता है ।

अध्याय-55

पितृपक्ष क्या है और पितृपक्ष ही क्यों श्राद्ध के लिए ।

भाद्रपद की पूर्णिमा से पितरों का दिन आरम्भ होता है । पितृपक्ष यानि कि भाद्रपद की पूर्णिमा से लेकर आश्विन मास की अमावस्या तक पितृपक्ष कहलाता है और यह पितरों का दिन माना गया है । माना जाता है कि इन दिनों में पितरों की आत्मा पृथ्वी पर भ्रमण करने के लिए आती है और आस पास ही होती है । इसीलिए पितृपक्ष में श्राद्ध करने का विधान है । हिन्दू शास्त्रों में पितृपक्ष में श्राद्ध करने की विशेष महिमा लिखी है ।

श्राद्ध की संक्षिप्त विधि ।

सामान्य रूप से कम से कम वर्ष में दो बार श्राद्ध करना चाहिए। क्षय तिथि पर और पितृ पक्ष पर । इसके अतिरिक्त सुविधा अनुसार और समय अनुसार या किसी उत्सव या परिवार की वृद्धि पर श्राद्ध कभी भी किया जा सकता है ।

क्षय तिथि क्या है ।

क्षय तिथि एकोदिष्ट श्राद्ध के लिए ।

जिस तिथि पर (अंग्रेजी सूर्य कैलेंडर या चन्द्र कैलेंडर अनुसार) मृत्यु हुई हो उस तिथि को क्षय तिथि कहते हैं । उस तिथि पर हर साल किये जाने वाले श्राद्ध को एकोदिष्ट श्राद्ध कहते हैं । एकोदिष्ट का तात्पर्य है कि केवल मृत व्यक्ति निमित्त दान करना और किसी एक पितर के लिए अतिथियों को परिवार सहित भोजन कराना और उस के प्रति प्रार्थना करना ।

क्षय तिथि पार्वण श्राद्ध के लिए ।

वह तिथि (चंद्र मास में) जिस तिथि में पूर्वज की मृत्यु हुई हो उस तिथि को पितृ पक्ष में श्राद्ध करने का विधान है । पितृ पक्ष पार्वण श्राद्ध में पिता, पितामह (दादा), प्रपितामह (परदादा) सपत्नीक साथ, और माता, मातामह (नाना) और परनाना सपत्नीक छः लोगों का श्राद्ध संपन्न होता है । चंद्र मास की तिथि का पता पंचांग से लग जाता है ।

अध्याय-56

मृत्यु के बाद के श्राद्ध कर्म ।

श्राद्ध की प्रक्रिया दशगात्र से ही प्रारम्भ हो जाती है । दशगात्र के श्राद्ध अशौच काल में होने के कारण अमन्त्रक और अग्निहोत्र के बिना होते हैं और एकादशाह से अशौच काल की निवृत्ति होने से सभी श्राद्ध मन्त्रों के साथ या/और अग्निहोत्र के साथ होते हैं ।

श्राद्ध में उत्तरीय और अधोवस्त्र की अनिवार्यता ।

स्नान, दान, जप, होम, पितृतर्पण, श्राद्ध, आदि में यजमान को अधोवस्त्र तथा उत्तरीय वस्त्र आदि अवश्य धारण करने चाहिए।

श्राद्ध का मुहूर्त ।

दिन में 11 बज कर 36 मिनट से लेकर 12 बज कर 24 मिनट तक का समय दिन का आठवां मुहूर्त होता है । यही वेला कुतुप वेला के नाम से जाना जाता है । श्राद्ध के लिए यही कुतुप वेला मुख्य रूप से प्रशस्त है । पाप को संतप्त करने के कारण ही इसे कुतुप कहा गया है । मध्याह्नकाल, खडगपात्र (सींग से बना पात्र) कम्बल, चांदी, कुश , तिल, गौ, और दौहित्र (कन्या

का पुत्र) यह सभी श्राद्ध के लिए दुर्लभ प्रयोजनीय हैं और पाप को संतप्त करने वाले हैं ।

कुश तथा तिल की महिमा ।

कुश तथा तिल भगवान् विष्णु के शरीर से बने हुए माने जाते हैं, अतः यह श्राद्ध के लिए उत्तम कहे गए हैं ।

श्राद्ध में पवित्र प्रयोजनीय ।

दौहित्र (कन्या का पुत्र), कुतुप (दिन का आठवां मुहूर्त), और तिल का होना बहुत उत्तम माना जाता है । अपनी क्षमता अनुसार चांदी या सोने का दान भी श्रेष्ठ माना जाता है ।

श्राद्ध में तुलसी ।

तुलसी की गंध से पितृ प्रसन्न होते हैं ऐसा माना जाता है इसलिए तुलसी के साथ पिंडदान करने को उत्तम माना गया है ।

श्राद्ध में तीन गुण ।

पवित्रत्ता, अक्रोध, और अचापल्य (जल्दबाजी न करना) यह तीन गुण प्रशंसनीय हैं ।

अध्याय-57

श्राद्धदेश (श्राद्ध का स्थान) ।

श्राद्धदेश या स्थान को साफ़ कर लेना चाहिए । हिन्दू सनातन धर्म में गया, पुष्कर, प्रयाग, हरिद्वार, आदि तीर्थों में श्राद्ध की भी विशेष महिमा है । घर में पवित्र और साफ़ स्थान में भी श्राद्ध की उतनी ही महिमा है जितनी तीर्थों पर है, इसलिए अपने पितरों के प्रति श्राद्ध के लिए तीर्थ स्थान पर जाना बहुत आवश्यक नहीं है । हाँ यदि आसानी से जा सकें तो वहां श्राद्ध करने का शास्त्रों में विधान है ।

श्राद्ध में फल अन्नादि ।

श्राद्ध में दूध, घी, दही, जौ, धान, तिल, मूंग, सरसों, का इस्तेमाल प्रशस्त है । आम, आंवला अनार, खीर, नारियल, नारंगी, खजूर, का होना भी अच्छा माना जाता है ।

श्राद्ध में प्रशस्त निमंत्रण ।

श्राद्ध में शील, शौच, एवं प्रज्ञा, से युक्त सदाचारी तथा गायत्री मन्त्र को जानने वाले पुरुष या स्त्री को ही निमंत्रण देना चाहिए। यदि जरूरत मंद अतिथि न मिलें तो अपने सम्बन्धियों को भोजन निमंत्रण दे सकते हैं ।

मौन की भोजन के समय आवश्यकता ।

श्राद्ध में भोजन के समय मौन रहना चाहिए । मांगने के लिए संकेत हाथ से करना चाहिए । भोजन कराते समय निमंत्रक से अन्न कैसा है, यह नहीं पूछना चाहिए तथा भोजन कर्ता को भी श्राद्ध के अन्न की प्रशंसा या निंदा नहीं करनी चाहिए ।

श्राद्ध भोजन के बाद पितरों के गुण गान ।

श्राद्ध भोजन समाप्त कर लेने के बाद अपने पितरों के गुणों की चर्चा करनी चाहिए ।

अध्याय-58

श्राद्ध में पाँव धोने की विधि ।

श्राद्ध में भोजन के लिए बुलाये सदाचारी या सम्बन्धियों को बैठा कर उनके पैर धोने चाहिए । पत्नी को दाहिने और खड़ा करना चाहिए । श्राद्ध में किसी भी तरह के मांस का और अंडे का निषेध है । पुराना अन्न जिस में कीड़े पङ गए हों उसका भी निषेध है ।

श्राद्ध से जगत की तृप्ति ।

मनुष्य को पितृगण की संतुष्टि तथा अपने कल्याण के लिए श्राद्ध आवश्य करना चाहिए । विष्णु पुराण में लिखा है कि श्राद्ध कर्म करने से केवल पितृगण ही संतुष्ट नहीं होते बल्कि ब्रह्मा, इंद्र, रूद्र, अश्विनी कुमार, सूर्य, अग्नि, आठों वसु, वायु पशु, पक्षी, और ऋषिगण आदि भी तृप्त होते हैं ।

अध्याय-59

श्राद्ध की विधि ।

सामान्यता श्राद्ध की तीन प्रक्रियाएं हैं ।

1. पिंडदान, या दान ।

2. अतिथि भोजन ।

3. ईश्वर की प्रार्थना और पूर्वजों के गुणों का वर्णन ।

सनातन धर्म में ऐसा विश्वास है कि जो लोग मृत्युलोक पहुंचते हैं उनको भोजन निमंत्रित अतिथियों के माध्यम से मिलता है । अतिथियों की तृप्ति से ही पितरों की तृप्ति होती है । श्राद्ध के लिए आमंत्रित अतिथियों में ही पितृ गुप्त रूप से वास करते हैं। श्राद्ध या श्राद्ध प्रीति भोज से पहले पितरों का गुणगान करके उनके शुभ कार्यों को याद करना चाहिए और परिवार को उन पूर्वजों के गुण सुनाने चाहिए ।

श्राद्ध की सरलता और सम्पन्नता ।

श्राद्ध की परिभाषा ।

पितरों के उद्देश्य से प्रेम पूर्वक जो कर्म श्रद्धा से किया जाता है उसी को श्राद्ध कहते हैं ।

श्राद्धकर्ता का कल्याण ।

जो व्यक्ति प्रेम पूर्वक शांतमन से हो कर श्राद्ध करता है वह सभी पापों से रहित होकर मुक्ति को प्राप्त करता है । महर्षि सुमन्तु द्वारा कहा गया है कि इस जगत में श्राद्ध से श्रेष्ठ अन्य कोई कल्याणप्रद उपाय नहीं है । अतः बुद्धिमान व्यक्ति को श्राद्ध अवश्य करना चाहिए । श्राद्ध से संतुष्ट हो कर पितृगण श्राद्ध कर्ता को दीर्घायु, संतति, धन, विद्या, राज्य, सुख, स्वर्ग, और मोक्ष प्रदान करते हैं ।

अध्याय-60

सांकल्पिक श्राद्ध और भोजन की पारम्परिक विधि ।

1. जिस तिथि में भी श्राद्ध करने का प्रयोजन हो उस तिथि को अपने यहाँ भोजन के लिए एक से लेकर पांच अतिथियों को प्यार से निमंत्रण देवें । यदि अपने सम्बन्धियों को चाहें तो उनको भी अतिथि बना सकते हैं।

2. उनके आने से पहले घर को साफ़ कर लें और शुद्ध सात्विक भोजन रसोई में बना लेवें । अतिथियों के बैठने के लिए सुंदर बिछोना या दरी या कोई चटाई बिछा देवें। यदि घर किसी दूसरे देश में है तो खाने के मेज को खाने के लिए तैयार कर लेवें ।

3. घर को फूलों से सजावें और जिसके प्रति श्राद्ध की प्रक्रिया हो रही है उनके चित्रों को हार या फूल भेंट कर देवें ।

4. भोजन तैयार होने पर उस भोजन सामग्री से थोड़ा थोड़ा निकाल कर पांच पत्तल या किसी पांच बर्तन में रख लेवें। इसको पंच बलि कहते हैं ।

पंच बलि से पहले निम्नलिखित संकल्प करें:

ॐ भगवते वासुदेवाय नमः, आज इस तिथि .... और इस वर्ष .... इस देश .... इस नगर .... इस एड्रेस .... में, मैं (नाम) .... सपुत्र (पिता या माता का नाम) .... श्रद्धा भक्ति से अपने पूर्वजों के मोक्ष और शांति के प्रति श्रद्धा से श्राद्ध की प्रक्रिया करने जा रहा हूँ, भगवान मेरे पितरों को मोक्ष और शांति देवें और हम सब को उनके दिखाए अच्छे रास्ते पर चलने की प्रेरणा देवें ।

इस के बाद पांच बर्तनो में यजमान थोड़ा थोड़ा भोजन निकाल कर रख लेवें । इसको पंच बलि भी कहते हैं ।

(a) पहला एक हिस्सा या बलि गाय के लिए ।

(b) दूसरा हिस्सा या बलि शवान या कुत्ते के लिए ।

(c) तीसरी बलि या हिस्सा कव्वे या काक के लिए ।

(d) चौथी बलि या हिस्सा देवताओं के लिए ।

(e) पांचवीं बलि या हिस्सा चींटियों के लिए रख लेवें ।

यह पंच बलि या हिस्से श्राद्ध समाप्त होने पर किसी चतुष्पद प्राणी या गाय को खिला देवें ।

जब अतिथि घर आवें तो उनको अच्छे आसान पर बिठावें और उनके पैर पानी से धोवें । श्राद्ध में बैठ कर पैर धोना चाहिए खड़े ही कर नहीं ।पानी से पैर धो कर उनको प्यार से भोजन करावें । भोजन के बाद कुछ मीठा प्रदान करें और कुछ

उपहार देवें । उसके बाद गायत्री मंत्र का पांच बार उच्चारण करें ।

अपने पूर्वजों के गुण सब सम्बन्धियों को और अतिथियों को बताएं और उनके मोक्ष की प्रार्थना करें । यदि कोई पुरोहित से श्राद्ध कराना चाहे और अतिथियों को घर में भोजन कराना चाहे तो वह भी ग्राहा है ।

अध्याय-61

श्राद्ध का आधुनिक स्वरूप ।

हर धर्म के लोग किसी न किसी तरीके से अपने पितरों को याद करने के लिए और उन के लिए प्रार्थना करने के लिए कोई न कोई उत्सव मनाते हैं । कैथोलिक्स डे ऑफ़ द डेड और ज्यूइश लोग सुककोट मनाते हैं ।

क्योंकि सनातन धर्म पुनर्जन्म, देह और देही में विश्वास रखता है इसलिए हमारे शास्त्रों में तो पितरों के लिए पूजा अर्चना का बहुत ही सुन्दर विधान है । पुरातन काल में खाली समय की अधिकता के कारण और कई सैंकड़ों सालों से गुलामी की जंजीरों में जकड़े होने के कारण इस विधान का बहुत ही विस्तार हुआ है और अनेकानेक त्रुटियां इस संस्कार में समावेश कर गईं हैं । यह कार्य इतना जटिल होता गया कि बिना किसी पुरोहित के यह कार्य बहुत ही मुश्किल हो गया । युवा पीढ़ी का कर्म काण्ड के प्रति उदासीन पक्ष भी इस विधान को समय, देश, और पात्र के अनुसार इसको बदलने में काफी बड़ा रोड़ा था ।

हमारे शास्त्रों में लिखा है कि कर्मकांड को देश, पात्र और काल के अनुसार ढालते रहना चाहिए । लेकिन कुछ सदियों

की निष्क्रियता ने हमारे कर्मकांड में काफी धुंधलापन ला दिया है । हम जैसे पुरोहितों के लिए इन संस्कारों को शास्त्र अनुसार आधुनिक और तर्क-संगत बनाना और उस का चलन करना एक बहुत बड़ी चुनौती है । इसमें पूरा दोष पुरोहित समाज का ही नहीं बल्कि पुरे समाज का है, क्योंकि पुरोहित भी बहुत समय तक गुलामी और रूढ़िवादी सोच से पीड़ित रहे हैं ।

श्राद्ध कि परिभाषा ।

पितरों के उद्देश्य से विधिपूर्वक जो कर्म श्रद्धा से किया जाता है उसी को श्राद्ध कहा जाता हैं ।

आज के परिपेक्ष्य में हम सब का यह कर्त्तव्य बन जाता है कि हम अपने परिवार जनों और आने वाली पीढ़ी और बच्चों को श्राद्ध और अपने पितरों के बारे में बताएं । जब भी कोई श्राद्ध तिथि हो या समय हो चाहे काम्य श्राद्ध, नैमेत्तिक श्राद्ध, वृद्धि श्राद्ध, या पार्वण श्राद्ध की तिथि हो हम सबको अपने परिवार के साथ मिल कर भोजन की तैयारी करनी चाहिए । यदि किसी अतिथि को भोजन पर बुलाएँ चाहे सम्बन्धी ही क्यों न हो तो और भी प्रशस्त है ।

श्राद्ध के दिन घर को साफ़ करें, सजाएँ और अपने पूर्वजों के चित्र लगाएं । प्रीति भोज या भोजन से पहले पूर्वजों के नाम लेकर शांति प्रार्थना करें, गायत्री मंत्र का उच्चारण करें और पूर्वजों के विशेष गुणों कि व्याख्या करें । उस प्रीती भोज में सब मिल कर प्रण करें कि सभी परिवार वाले उन गुणों का अनुसरण करेंगे । उस के बाद घर का मुखिया कुछ बोले और फिर मन को शांत करके सभी मिल कर भोजन करें और कुछ

दान पुण्य करने का फैसला करें । यही श्राद्ध का असली और आधुनिक स्वरुप है ।

अध्याय-62

बालकों की मृत्यु पर अशौच ।

1. बच्चे के जन्म लेने से बारह दिन में अगर बालक (लड़का या कन्या) की मृत्यु हो जाये तो स्नान मात्र से अशौच की प्रक्रिया हो जाती है । लेकिन घर में सामान्य अशौच की प्रक्रिया दस दिन तक चलती है ।

2. छह मास से पहले बालक की मृत्यु होने पर माता पिता को तीन दिन तक और घर में दस दिन तक अशौच की सामान्य प्रक्रिया का पालन करना चाहिए ।

3. मुंडन संस्कार से लेकर छह वर्ष तक केवल श्राद्ध की पूर्व क्रिया जैसे की दश गात्र, मलिन षोडशी तक करनी चाहिए । एकादशाह और द्वादशाह क्रिया और वार्षिक श्राद्ध की आवश्यकता नहीं है ।

4. छह वर्ष से ऊपर के बालक की मृत्यु के बाद श्राद्ध की सभी क्रियाएं जैसे की दश गात्र, मलिन षोडशी, मध्यम षोडशी, उत्तम षोडशी, तथा सपिण्डन श्राद्ध की क्रियाएं करनी चाहिएं ।

अध्याय-63

कोविड -19 जैसी महामारी में क्या करें ?

महामारी के दौर में यह आम तौर पर देखा गया है कि हस्पताल से ही मृतक के शव को सील कर के एम्बुलेंस में भेजा जाता है । लोकल गवर्नमेंट की हिदायत होती है कि महामारी फैलने से बचने के लिए शव को सीधा शमशान घाट ले कर जाया जाये । ऐसा वक़्त सम्बन्धियों के लिए बहुत ही कठोर होता है । उस वक़्त यह चिंता रहती है कि हम संस्कार कैसे करें ।

मृतक की मृत्यु या तो घर में होगी या हस्पताल में होगी । दोनों केस में मृतक के शव को हाथ न लगाएं । शव को अवश्य ही लकड़ी की सील्ड शव पालकी में डाल देवें और घर या हस्पताल से शमशान घाट तक ले कर जावें । यह भी प्रयास करें की शमशान घाट विधुतीय हो ।

शमशान घाट में पालकी को विश्राम स्थल में बताये गए तरीके से रखें और जिस व्यक्ति ने अंत्येष्टि कर्म करने हैं वह सेफ्टी किट और दस्ताने डाल कर मुँह का आवरण खोल कर दर्शन कर लेवे और पिछले दिए क्रम के अनुसार पिंड दान के बराबर की राशि दान देने के लिए अलग रख लेवे । सारी प्रार्थनाएं इस

पुस्तक से पढ़ कर मृतक के प्रति विश्राम स्थल पर ही पूरी कर लेवें और उसके पश्चात् ही मुखाग्नि देवें और प्रार्थना करें ।

मृतक की अस्थि संच्चयन, अशौच, दशगात्र, इत्यादि सब दिए गए निर्देश अनुसार ही चलेगा । घर जा कर शांति पाठ सपरिवार जरूर करें ।

अध्याय-64

।। शान्ति पाठ ।।

ॐ द्यौ शान्तिरन्तरिक्ष: शान्ति: पृथ्वी

शान्तिरापः शान्ति: रोषधयः शान्तिः ।

वनस्पतयः शान्तिर्विश्वे देवा:

शान्तिब्रह्मा शान्ति: सर्वः शान्तिः

शान्तिरेव शान्ति: सा मा शान्तिरेधि।।

ॐ शान्तिः शान्तिः शान्तिः ॐ

।। शान्ति पाठ का अर्थ।।

शान्ति कीजिए प्रभु त्रिभुवन में ।। शान्ति कीजिए ।

जल में थल में और गगन में, अन्तरिक्ष में, अग्नि में पवन में

औषधि वनस्पति वन उपवन में, सकल विश्व में जड़
चेतन में ।। शान्ति कीजिए ।

शान्ति राष्ट्रनिर्माण सृजन में, नगर ग्राम मे और भवन में

जीवमात्र के तन में मन में, और जगत के कण-कण में
।। शान्ति कीजिए ।

ॐ शान्ति शान्ति शान्ति ॐ

अध्याय-65

मंत्र क्या है

मननात् त्रायते इति मंत्रः।
जो मन का मनन सभी दुखों को दूर करे और सुख और वांछित वस्तु की और ले कर जाए उसी को मन्त्र कहा जाता है ।

महामृत्युंजय मंत्र ।

महामृत्युंजय मंत्र की रचना करनेवाले मार्कंडेय ऋषि तपस्वी और तेजस्वी मृकण्ड ऋषि के पुत्र थे ।

महामृत्युंजय मंत्र ।

ॐ भूर भुवः स्वः ।

ॐ त्र्यम्बकं यजामहे सुगन्धिं पुष्टिवर्धनम् ।

उर्वारुकमिव बन्धनान् मृत्योर्मुक्षीय माऽमृतात् ।।

आइए, जानते हैं क्या है महामृत्युंजय मंत्र के अलग अलग शब्दों का अर्थ ।

त्र्यंबकम्	-	तीन नेत्रों वाले ।
यजामहे	-	जिनका हम पूजन करते हैं।
सुगंधिम	-	जो एक मीठी सुगंध के समान हैं ।
पुष्टिः	-	फलने फूलने वाला, स्वास्थ्य वर्धक ।
वर्धनम्	-	जो पोषण करते हैं, उन्नत करते हैं बढ़ने की शक्ति देते हैं ।
बंधनात्	-	बंधनों से मुक्त करने वाले ।
मृत्योः	-	मृत्यु से ।
मुक्षीय	-	हमें स्वतंत्र करें, मुक्ति देवें ।
मा	-	मुझे
अमृतात्	-	अमरता, मोक्ष प्रदान करना।

हम तीन नेत्रों वाले भगवान शिव की अराधना करते हैं, वह शिव भगवान्, जो अपनी शक्ति से संसार का पालन करते हैं। हमारी उनसे प्रार्थना है, कि वह हम सबको जीवन व मृत्यु के बंधनों से मुक्त करें और मृत्यु के डर से हमें दूर करें और हमें अमृत रुपी प्रकृति के साथ रहते हुए, प्रसन्नचित्त रहने का आशीर्वाद देवें ।

अध्याय-66

गायत्री मंत्र क्या है और किस देव की प्रार्थना के लिए है ?

ॐ भूर भुवः स्वः, तत सवित्तुर वरेण्यम, भर्गो देवस्य धीमहि, धियो योह नः प्रचोदयात ।

इस मन्त्र को ही गायत्री मन्त्र या सवित्तुर मन्त्र कहते हैं । यह मन्त्र सवित्तुर देव, सूर्यदेव की उपासना का मन्त्र है ।

2. यह मन्त्र किसने और कहाँ सिद्ध किया ?

गायत्री मन्त्र जिसे हम जानते हैं वह हम वेदों से जान पाए हैं। वास्तव में गायत्री मन्त्र दो मन्त्रों से बना है, जिसकी पहली पंक्ति (**ॐ भूर भुवः स्वः**) और बाकि तीन पंक्तियाँ (**तत सवित्तुर वरेण्यम, भर्गो देवस्य धीमहि, धियो योह नः प्रचोदयात**) यजुर्वेद और ऋग्वेद से आयी हैं । इस मंत्र को महर्षि विशवामित्र जी ने सिद्ध किया था ।

3. इसे गायत्री मन्त्र क्यों कहते हैं ?

गायत्री एक छंद का रूप है । जब भी कोई मन्त्र आठ-आठ अक्षरों की तीन पंक्तियों में लिखा जाता है, उसे गायत्री मन्त्र कहते हैं । हमारे वेदों में और पुराणों में बहुत से गायत्री मन्त्र हैं । लेकिन सवित्तुर गायत्री मन्त्र ही सबसे ज्यादा सटीक और

प्रभावशाली होने के कारण हमारे संस्कारों में सबसे ज्यादा प्रचलित है ।

4. सवित्तुर गायत्री मन्त्र का अर्थ क्या है ?

कोई भी मन्त्र ॐ से आरम्भ करने से ही फलीभूत होता है इसलिए यह मंत्र भी ॐ से ही आरम्भ होता है । सूर्योदय से पहले प्रकाश और तेज को ही सवित्तुर देव कहा गया है और सूर्योदय के बाद उसी को सूर्यदेव कहा गया है । यह मंत्र उसी सवित्तुरदेव और सूर्यदेव को ही समर्पित है । ॐ भूर भुवः स्वः तीन लोकों का घोतक है ।

अर्थ ।

हे प्रकाश रूपी परमात्मा जो पृथ्वी पर अग्नि स्वरूप में और आकाश में विधुत स्वरूप में और अंतरिक्ष में सूर्य स्वरूप में विद्यमान है, आपके इस तेज और प्रकाश को मैं नमन और वरण करता हूँ । जिस तेज को वरण करके देवता भी बुद्धिमता और देवत्व प्राप्त करते हैं, मुझे भी वही ज्ञान, तेज और प्रगाढ़ बुद्धि प्रदान करो, हे परमात्मा मेरी यही आपसे विनम्र प्रार्थना है ।

5. गायत्री मन्त्र के उच्चारण से क्या लाभ मिलता है ?

हजारों वर्षों से गायत्री मन्त्र उपनयन संस्कार में गुरू वरण के समय, विद्या आरम्भ करने पर तेज, बुद्धि और ज्ञान की प्राप्ति के लिए उच्चारण किया जाता रहा है । इसके उच्चारण से ज्ञान प्राप्ति, व्यक्तित्व में तेज, मानसिक चिंता से मुक्ति और स्मरण शक्ति में बढ़ोतरी होती है । गायत्री मंत्र के हर रोज 108 बार

उच्चारण करने से निश्चित रूप से हर मनोकामना पूर्ण होती है और मोक्ष मिलता है ।

ॐ भूर भुवः स्वः,

तत् सवित्तुर वरेण्यम,

भर्गो देवस्य धीमहि,

धियो योह नः प्रचोदयात ।

अध्याय-67

दाह संस्कार या मुखाग्नि से पहले के कृत्य या प्रार्थना एक बार फिर ।

प्रार्थना कौन करे

प्रार्थना या तो कोई पुरोहित करे या घर का कोई बड़ा व्यक्ति करे। प्रार्थना के समय प्रार्थना करने वाला व्यक्ति अपना सिर ढक लेवे। प्रार्थना से पूर्व सभी शोक संतप्त लोग शव या दाह की तरफ मुख कर के खड़े हो जाएँ और पुरोहित या वह व्यक्ति जो प्रार्थना करे वह सभी शोक संतप्त व्यक्तियों की तरफ मुख कर के खड़ा हो जाए ।

निम्नलिखित तीन प्रार्थनाएं दिवंगत आत्मा की शांति के लिए करें । जरूरी नहीं कि प्रार्थना याद करें इस पुस्तक में से पढ़ कर ही करें।

प्रार्थना 1

हे अग्नि तुम सब पदार्थों में विद्यमान हो हम सब आप का आह्वान करते हैं और हे अग्नि आपका उग्र प्रभाव होवे । इस महान जीव (मृत व्यक्ति का नाम) -------------की देह को सम्यग प्रकार से जला दो और इस जीव (मृत

व्यक्ति का नाम) ----------- -को पुण्य आत्माओं के लोक में जाने का और मोक्ष का आशीर्वाद देवें । यही हमारी प्रार्थना है ।

प्रार्थना 2

इस अविनाशी पुरुष की जीवन यात्रा का साधन भूत ही शरीर रुपी भाग है उसको सर्वत्र रहने वाली अग्नि तू अपने ताप से जला दे । हे अग्नि तू अपनी शोधक शक्ति से इस शरीर को दोष रहित कर दे । हे अग्नि तेरी दाहक शक्ति इस नश्वर शरीर को भस्मी भूत कर दे । हे सब कुछ जानने वाली जातवेद अग्नि तू अपनी सब तरफ से विस्तार करने वाली शक्ति से इस जीव को सत्कर्मियों के लोक ले कर चल और इसे मोक्ष प्रदान करा। यही हमारी प्रार्थना है ।

प्रार्थना 3

हे जीव तू अग्नि द्वारा अपने पितरों से संगती कर और हम प्रार्थना करते हैं कि तू परमात्मा में सदा युक्त रहे । हे जीव तू स्वार्थ और परमार्थ के समन्वित परम पद और सर्वोच्च स्थिति को प्राप्त करे । हे जीव तू अपने कर्मों का फल भोग कर यदि फिर आत्मा के आधारभूत हो फिर से मानव शरीर को प्राप्त करे तो उत्तम तेजस्वी होकर जगत कल्याण का साधन बने । यही हमारी प्रार्थना है ।

इन तीन प्रार्थनाओं के बाद सभी मिल कर निम्नलिखित मंत्रों का उच्च स्वर से उच्चारण करें:

1. ॐ अग्नये स्वाहाः
2. ॐ सोमाय स्वाहाः
3. ॐ लोकाय स्वाहाः
4. ॐ अनुमत्यै स्वाहाः
5. ॐ स्वर्गाय स्वाहाः

इन पांच मन्त्रों का उच्चारण करके शव पालकी या शव को मुखाग्नि प्रदान करें ।

अंत में अग्नि जब सब तरफ से सक्रिय होने लगे तो सभी निम्नलिखित शांति पाठ करें ।

।। शान्ति पाठ ।।

ॐ द्यौ शान्तिरन्तरिक्षः शान्तिः पृथ्वी

शान्तिरापः शान्तिः रोषधयः शान्तिः ।

वनस्पतयः शान्तिर्विश्वे देवाः

शान्तिब्रह्मा शान्तिः सर्वः शान्तिः

शान्तिरेव शान्तिः सा मा शान्तिरेधि।।

ॐ शान्तिः शान्तिः शान्तिः ॐ

।। शान्ति पाठ का अर्थ।।

शान्ति कीजिए प्रभु त्रिभुवन में ।। शान्ति कीजिए ।
जल में थल में और गगन में, अन्तरिक्ष में, अग्नि में पवन में
औषधि वनस्पति वन उपवन में, सकल विश्व में जड़
चेतन में ।। शान्ति कीजिए ।

शान्ति राष्ट्रनिर्माण सृजन में, नगर ग्राम में और भवन में
जीवमात्र के तन में मन में, और जगत के कण-कण में
।। शान्ति कीजिए ।

ॐ शान्ति शान्ति शान्ति ॐ

पुरोहित शाम सुन्दर बाली जी की एक बात ।

श्री शाम सुंदर जी ने हिन्दू धर्म के संस्कारों का बहुत अध्ययन किया है और बहुत कार्य किया है और यह कार्य अभी भी जारी है। इन्होने श्री लाल बहादुर शास्त्री संस्कृत विद्यापीठ दिल्ली से ज्योतिष प्रज्ञा, ज्योतिष भूषण, डबल डिप्लोमा इन कर्मकांड संस्कार किया है । श्री शाम सुंदर जी सर्टिफाइड योग प्रशिक्षक भी हैं । इनके कार्य का उद्देश्य हिन्दू कर्मकांड और संस्कारों को काल, समय, देश, पात्र और परिस्थिति के अनुसार आधुनिकीकरण करना है, जो कि शास्त्र मान्य भी हो और आसान भी हो ताकि सभी इस कार्य को खुद से कर सकें । वह अपने जीवन में लगभग सभी देशों की यात्रा कर चुके हैं और अपने विचार सभी राष्ट्रीय और अंतर्राष्ट्रीय मंचो पर साँझा कर चुके हैं । अपने कार्य का संचार करने के लिए श्री शाम सुंदर जी को बहुत सारे निमंत्रण विदेश और भारत देश से मिलते रहते हैं । शोक सभा, विभिन्न संस्कार क्रियाएँ जैसे कि विवाह संस्कार, पुंसवन संस्कार, बेबी शावर और शास्त्र सम्मत श्राद्ध की प्रक्रिया के देख रेख के लिए विभिन्न प्लेटफार्मों पर लेक्चर के लिए इनको निमंत्रण दिया जा सकता है । वह मंदिरों में, हिन्दू सामज और प्रशिक्षित समाज में अक्सर अपने भाषणों के लिए निमंत्रित किये जाते रहते हैं। उनकी वेबसाइट **gangasagaram.com** पर उनके कार्यों को देखा जा सकता है । उनको **bali.sham@gmail.com** और **virtualpurohit@gmail.com** पर संपर्क किया जा

सकता है । वह हिन्दू संस्कार प्रशिक्षण का भी वेब या ज़ूम पर पाठ्यक्रम निरंतर चलाते रहते हैं ।

9 789354 729232

Printed by Libri Plureos GmbH in Hamburg, Germany